Nach vielen Sommern sterben die Schwäne

Oliver Fehn

Nach vielen Sommern sterben die Schwäne

Erzählungen

Pandämonium Verlag

1. Auflage September 2018

Layout und Umschlaggestaltung: Gerd Frey
Druck und Vertrieb: Books on Demand GmbH, Norderstedt
Made in Germany

ISBN: 978-3-944893-19-8

Inhalt

Es gibt keine hellen Nächte

Bestimmt weiß jeder, was ein Déjà-vu-Erlebnis ist: Du kommst in eine Stadt, ein Haus, eine bestimmte Gegend, und hast das Gefühl, dort schon einmal gewesen zu sein. Ich hatte es mir immer damit erklärt, dass es allgemein nur eine beschränkte Zahl von Landschaftsformen und Architekturen gibt, so dass jeder zwangsläufig irgendwann im Leben ein solches Erlebnis haben muss, vor allem Menschen, die schon viel herumgekommen sind und die Palette an möglichen Formen und Eindrücken zum großen Teil ausgeschöpft haben.

Dann hatte ich im Sommer 1994 ein Erlebnis, das meine Theorie ins Wanken brachte. Ich war mit dem Auto unterwegs in Südfrankreich, hatte ein paar Tage in der Provence verbracht, danach in Valence und Grenoble, und suchte mir für die Rückfahrt eine wenig befahrene Strecke aus, die durch weitgehend ländliche Gegenden führte. Die Fahrt zog sich endlos hin, da ich mehrmals auf schmalen Straßen hinter Pferdewagen oder beladenen Fuhrwerken herfahren und zu guter Letzt noch einen gewaltigen Umweg in Kauf nehmen musste, weil ein totgefahrener Esel mir die Weiterfahrt versperrte. Er lag einfach mitten auf dem Schotter, groß und blutverkrustet und von Fliegen umschwärmt, und als ich ausstieg, verriet mir ein penetranter Geruch, einer verdorbenen Salami nicht unähnlich, dass der Kadaver wohl schon seit einiger Zeit vor sich hingammelte.

Ich kehrte um und nahm wahllos die nächstbeste Abzweigung, um die spukhafte Stätte zu umfahren. Wieder landete ich mitten in der Wildnis und beschloss, jetzt einen Zahn zuzulegen. Nur zweimal hielt ich am Rand einer kleineren Ortschaft an einem der kleinen Kioske, wo es Baguettes, Kaffee und Zigaretten gab. So legte ich an die 300 Kilometer zurück und wusste nach längerer Zeit wirklich nicht mehr, wo ich war. Erst nach einer guten Stunde Fahrt führte der Weg wieder auf eine breite, geteerte Straße, in der ein Ortsschild auf eine nur wenige Kilometer entfernte Ortschaft namens Lieudepéchés hinwies.

Ich war hungrig und nahm mir vor, dort zu Abend zu essen. Die Sonne stand schon tief, und ich sehnte mich nach etwas Würzigem, etwas aus der typisch südfranzösischen Küche, mit viel Öl und Knoblauch. Lieudepéchés war größer als ich es mir vorgestellt hatte, ich schätzte die Stadt auf sechs- bis zwölftausend Einwohner. Das Zentrum wirkte schmuddelig, die abgeblätterten Fassaden wirkten wie zerschundene Gesichter nach einer Schlägerei. Nicht viel schmucker waren auch die Gaststätten; also nahm ich, einer grotesken Laune folgend, die Abzweigung Richtung *Cimetière*, was Friedhof bedeutet. Vielleicht gab es dort ja ein gepflegtes Restaurant für Gäste von Beerdigungsfeiern.

Der Weg führte eine schmale Straße empor, ungewöhnlich steil und fast beklemmend wegen der schiefen Winkel, die aus dem Blickfeld zu wachsen schienen; es war, als drohten die Häuser, einander aufzufressen. An der steilen Bergstraße, auf deren Gipfel sich Kreuze und Grabsteine vor einem immer noch blitzblauen Abendhimmel abzeichneten, überkam es mich plötzlich: Hier warst du schon einmal.

Irgendwann, vor vielen Jahren.

Wenn ich noch ein paar Meter weiter fahre, liegt zu meiner Linken ein kleines Speiserestaurant. Es hat einen erhöhten Vorgarten, zu dem zwischen den Ligusterhecken neun Stufen emporführen. Die Treppe ist schwer begehbar, da von wildem Gestrüpp überwachsen, man muss aufpassen, wo man hintritt. Oben an der Treppe steht eine kleine Marmostatue: ein kleiner Junge, der einen Frosch in der Hand hält, aus dessen weit geöffneten Maul sich ein Strahl von brackigem Wasser in einen kleinen Bassin ergießt.

Ich parkte den Wagen und fand alles so vor, wie es in meiner Erinnerung gespeichert war. Das Restaurant hatte wandbreite Fenster, und auf dem Fenstersims räkelte sich eine Katze, die, als sie mich kommen sah, erst einen Buckel machte, um sich dann verärgert abzuwenden. Hinter den Blumentöpfen Miniatur-Gartenzwerge und eine Windmühle aus Ton, dazwischen überall kleine verstreute Erdklumpen, vielleicht ein Werk der Katze. Ich trat mir die Füße ab und öffnete die Tür.

Eine runde, wenn auch nicht dicke Frau begrüßte mich; zu ihr gesellte sich ein hagerer Mann, der mir einen Tisch zuwies und mir die große, altmodisch gestaltete Speisekarte mit so viel Würde überreichte wie einen Staatsvertrag. Alles hier war behaglich, im Stil der fünfziger Jahre, und selbst der Mann, der auf den ersten Blick eine Art Teufelsgesicht hatte, lächelte oft, als wollte er mir signalisieren, dass er dennoch ein ganz normaler Mensch sei, ohne dämonische Gene. Ich bestellte gemischte Happen mit extrapikantem Dressing, streckte unter dem Tisch die Beine aus und freute mich über die gepolsterte Bank, auf der ich Schultern und Kreuzbein regenerieren konnte. Ich war der einzige Gast.

„Wundern Sie sich nicht“, sagte die Frau, auf typisch südfranzösische Art mit der Zunge rollend, „aber abends ist hier nie etwas los.“

Ich wischte mir mit der Serviette den Schweiß von der Stirn. „Keine Urlauber auf der Durchreise?“

Sie sah hinüber zu ihrem Mann, der an der Theke stand und gelangweilt einen Korken in kleine Flocken zerbröselte. „Manchmal. Sofern sie unser Lokal bemerken“, sagte er. „Die meisten übersehen es, sie blicken förmlich hindurch.“ Ein kurzes Lachen. „Hatten sie eine anstrengende Fahrt?“

„Es ging. Ich fahre ganz gern.“

„Sie sollten unseren Château Lauduc probieren“, sagte der Mann, in dessen Stimme etwas vom Surren einer Maschine mitschwang. „Das wird Ihre Batterien wieder aufladen.“

Es war ein starker Rotwein, fast quittenartig im Geschmack, und ich war für den Genuss eines solch edlen Tropfens wohl zu durstig. Nach einer halben Stunde Plauderei mit den Wirtsleuten fühlte ich mich jedenfalls hundemüde und hielt es auch für wenig ratsam, mich an diesem Tag noch ans Steuer zu setzen.

„Vermieten sie auch Zimmer für die Nacht?"

„*Ah oui*, selbstverständlich, sie können sich sogar unter allen Zimmern eines aussuchen. Wir haben zurzeit keinen weiteren Übernachtungsgast.“

Nachdem ich meinen Koffer aus dem Wagen geholt hatte, führte der Mann mich eine steile Treppe empor, und ich war so beschwipst, dass ich zweimal stolperte, das erstbeste Zimmer als das schönste der Welt pries und sofort ins Bett taumelte.

„Falls Sie noch einmal der Hunger packen sollte, gehen Sie einfach runter in die Wirtsstube; meine Frau wird Ihnen für alle Fälle eine Käseplatte bereitstellen. Ansonsten werden sie bestimmt gut schlafen. Mathilde und ich bewohnen das Kellergeschoss, und es ist hier still wie in einer Kirche."

Der Wein bramarbasiert aus deinem Gehirne – aus welchem Theaterstück stammte das? Es fiel mir nicht ein; ich hatte auch keine Ahnung, was *bramarbasieren* bedeutet. Während mir der Satz nicht mehr aus dem Kopf ging, merkte ich, wie ich langsam einschlief. Was auch immer *bramarbasieren* war: Der Wein, den ich getrunken hatte, tat genau das.

Auf meinem Reisewecker war es 21.50 Uhr. Ein zweiter prüfender Blick, scheinbar nur wenige Sekunden später, zeigte jedoch bereits 0.45 Uhr an. Ich musste ganze drei Stunden geschlafen haben, ohne es zu merken.

Was hatte mich geweckt? Das Säuseln des Windes in den Friedhofsbäumen? Die vorbeihuschenden Lichter der Autos? Nein, nun konnte ich es wieder hören: Da draußen brummte ein Motorrad durch die Gegend. Mein Fenster lag nicht auf der Straßenseite, das Geräusch musste also vom Friedhof her kommen. Auf- und abschwellend, auf und ab, dann lautes Gebrüll, eine junge Stimme, mutwillig, sich überschlagend, mit einem angriffslustigen Fauchen am Ende. Ich wälzte mich aus dem Bett und trat ans Fenster.

Der Anblick war beinahe alptraumhaft. Von meinem Zimmer aus konnte man das gesamte Friedhofsgelände überblicken. Stumme Kreuze und verwitterte Grabplatten fluoreszierten im

Mondlicht. Der Motorradfahrer raste zwischen den Gräberreihen auf und ab, um Haaresbreite an Grabmälern und Statuetten vorbei, und zweifellos war er es, der das Gebrüll ausstieß. Nach einer Weile hielt er neben einer Familiengruft, und eine junge Frau stieg hinter ihm auf. Sie schienen meine Silhouette am Fenster bemerkt zu haben, denn es war, als winkte sie zu mir herauf. Er starrte mich nur an, als zweifle er daran, ob es nicht zu viel des Guten war, mir einen Gruß zu schicken; sie aber schien sich unbändig zu freuen, dass außer ihr und dem Jungen auf dem Motorrad noch jemand wachte, und sie blickte immer wieder zu mir hoch. Dann brausten sie davon, ihre Haare wehten, und ihre Kleider streiften das Friedhofstor, das in seinen Scharnieren schwang und fast beleidigt zuschlug.

Seltsame Menschen, dachte ich. Was bereitet ihnen so viel Spaß dabei, die Totenruhe zu stören, noch dazu mitten in der Nacht?

Ich legte mich wieder hin, doch es dauerte eine Weile, bis ich mich beruhigt hatte. Ich überlegte gerade, ob ich mir eine Schlaftablette aus meiner Reiseapotheke nehmen sollte, als ich Geräusche im Haus vernahm. Schritte näherten sich von unten: langsame, alte Schritte, die sich weder nach der Wirtin noch nach ihrem Mann anhörten. War noch ein weiterer Gast gekommen?

Inzwischen hatte ich auch so etwas wie Appetit, und ich dachte an die Käseplatte, die in der Wirtsstube auf mich wartete. Ich wollte nur warten, bis das seltsame Schlurfen im Korridor verstummt war; ich hatte im Moment keine Lust auf eine Begegnung. Als es wieder still war, zog ich mir Hemd und Hosen über den Schlafanzug, öffnete leise die Tür und tastete nach dem Lichtschalter.

Stille. Aus keinem der Zimmer irgendein Geräusch; vielleicht hatte ich mich ja wirklich getäuscht. Die Käseplatte, serviert mit Baguette und einer angebrochenen Flasche Château Lauduc, stand hinter der Theke, und ich trug alles an meinen Tisch vom vergangenen Abend. Wieder zog der Wein mich magisch an, doch ich durfte nicht übertreiben; in ein paar Stunden wollte ich schließlich bereits auf der Landstraße sein.

Ich aß in kleinen, aber genießerischen Happen, als plötzlich aufs Neue Schritte im Korridor ertönten. Diesmal war ich mir sicher, dass sie näherkamen. Alte Menschen mit schweren Gelenkschmerzen hörten sich beim Gehen so an, oder junge Menschen, die nicht bemerkt werden wollen. Die Tür ging auf und lange nicht mehr zu, und als ich endlich hochblickte, stand eine lächelnde alte Frau im Türrahmen. Sie trug ein Nachthemd, weiß mit blassrosa Rüschen: ein Relikt aus alten Tagen, ein Stück französischer Historie. Sie hielt sich gebeugt, war aber nicht bucklig, und die Falten in ihrem Gesicht saßen so tief, als wären sie mit einem Stichel nachbearbeitet worden.

„Sie sind es also wirklich“, sagte sie nach einer Weile und nickte selbstzufrieden. „Ich erkannte Sie am Duft Ihrer Haut und – seien Sie mir nicht böse – den typischen Geräuschen, die Sie beim Kauen machten. In meinem Alter hat man entweder nur noch Augen oder nur noch Ohren. Bei mir sind es die Ohren, die mir geblieben sind, um mich zurechtzufinden. Schön, dass Sie wieder zu uns gefunden haben nach all den Jahren. Wie geht es der jungen Frau?“

Mir war klar, dass nur ein Missverständnis vorliegen konnte. Sie verwechselte mich mit einem anderen Gast; im Moment jedoch hinderte ihr entrücktes Lächeln mich daran, die Dinge richtigzustellen. Ich wollte es nicht zerstören. Sie trat näher und streckte mir die Hand hin.

„Unverkennbar Ihr Händedruck", sagte sie. „Fest und herzlich. Sie werden es inzwischen gemerkt haben, ich bin so gut wie blind. Das letzte Mal, als wir uns gesehen haben, hatte ich noch gute Augen."

Sie setzte sich keuchend und strich mit den Fingern über die Tischplatte. „Wie schmeckt ihnen der Wein? Ich würde sagen, er ist ein bisschen wie die Menschen hier: einschmeichelnd, aber ziemlich nachtragend." Sie kicherte. „Sind Sie wieder mit dem Motorrad gekommen?"

Ich erklärte ihr, ich sei mit dem Wagen hier. Ich hatte meinen Motorradführerschein nie gemacht, wegen der Sache mit meinem Vater. Als ganz junger Mann, ich war erst zehn, war er betrunken mit seiner Maschine in den Tod gerast: nachts auf einer Landstraße, bei einem Waldstück, von dem man sich nachher die schlimmsten Spukgeschichten erzählte. Sein Ruf in der Stadt war so schlecht gewesen, dass man in den folgenden Wochen am Unfallort immer wieder Konfetti und Heiligenbilder fand. Ich war deshalb nicht neurotisiert; ich hatte ihn kaum gekannt, aber obwohl ich ein wenig fahren konnte, war ich im Umgang mit schweren Maschinen eher vorsichtig.

„Die Zeit vergeht so schnell", sagte sie. „Kaum kommt der Sommer, ist auch schon der nächste Winter da, und die Tage fallen wie Tropfen in eine Regenpfütze. Das Kind muss ja nun auch schon groß sein. Schade, sie hatten damals versprochen, mir Bilder zu schicken, aber leider haben Sie es vergessen. Ist es ein Junge oder ein Mädchen geworden? Ein Junge, stimmt's? Ich spüre das."

Sie lehnte sich zurück und starrte an die Wand, als liefe dort ein Film mit den Ereignissen von damals. „Ihre Frau war reizend, und Sie waren es meiner Meinung nach auch. Ein wenig ungestüm, aber immer zuvorkommend und charmant, jedenfalls zu mir. Es verrät viel über einen Mann, wie er sich älteren Damen gegenüber verhält. Aber" – sie rappelte sich von ihrem Sitz hoch – „nicht nur Sie sind mir etwas schuldig geblieben. Wissen Sie noch, die Fotos, die wir draußen auf der Veranda machten? Ich wollte Ihnen Abzüge geben, aber Sie kamen ja nie wieder hierher, und Ihre Adresse hatte ich leider nicht. Nun, warten Sie."

Sie griff in die Tasche ihres Nachthemds und brachte einen kleinen Schlüssel zum Vorschein. Dann verschwand sie, für eine Blinde erstaunlich zielsicher, in einem Nebenzimmer und kam nach einer Weile mit einem verblichenen Briefumschlag zurück, der an den Seiten deutlich ausgebeult war. Sie entnahm ihm ein dickes, mit einem Gummiband fixiertes Bündel alter Schwarzweißfotos.

Die ersten Aufnahmen überflog sie nur. „Das ist uninteressant, das sind nur die neu angebauten Hausflügel, aber sehen Sie mal – hier!"

Sie drückte mir eins der Bilder in die Hand. Ich war mir sicher, dass ich darauf nur wildfremde Leute zu sehen bekäme. Allmählich war es an der Zeit, den Irrtum aufzuklären. Ich überlegte, wie ich es ihr am besten beibringen konnte.

„Hell und Dunkel kann ich noch unterscheiden", sagte sie, „und manchmal auch einen verwaschenen Umriss. Und diese

Fotos habe ich mir so oft angesehen in all den Jahren, dass ich jedes davon auf Anhieb erkenne."

Ich wagte den ersten Blick. Das Foto zeigte eine Frau, die unverkennbar identisch war mit der, die vor mir saß, nur jünger und korpulenter. Neben ihr standen ein nicht allzu großer, aber breitschultriger Mann in Motorradkluft und eine Frau in einem weiten Kleid, sonnengelb mit Blumenmuster. Es war die Heiterkeit und das Licht eines Sommers, das sie verströmte: wehende Locken im Wind, auf der Haut das Salz des Meeres, ein leichter Sonnenbrand. Sie lachte, als wäre es die Zeit ihres Lebens; sie spielte mit seinen Fingern und drückte sich schüchtern an seine Brust.

Ganz ohne Zweifel - meine Mutter.

Nun erkannte ich in dem jungen Biker auch meinen Vater, an dessen Gesicht ich mich nur noch schwach erinnerte, da er nie bei uns gewohnt hatte und für mich nach all den Jahren nur ein düsterer Schemen war. Er sah ein wenig anders aus als ich ihn im Gedächtnis hatte: weniger ernst, weniger erwachsen; wie ein Halbwüchsiger, auf typisch halbwüchsige Art grinsend, als wäre das alles nur ein großer Unfug.

Die anderen Fotos zeigten ähnliche Motive. Mom und Paps im Abendlicht auf einem einsamen Bahndamm, auf einem Fischmarkt in Marseille, inmitten schäumender Meereswellen vor einem Haus an der Küste. Auch hier wieder: glückliche Tage, Gelächter und Tanz. Ich konnte die Augen nicht mehr abwenden, als hätten diese Bilder mich in Trance versetzt.

„Na, was sagen Sie jetzt?"

Ich lächelte; meine Rührung war nicht gespielt. „Das ist sehr lange her."

Sie sah auf die Wanduhr, als hätte ich von Stunden gesprochen anstelle von Jahren. Sie schob mir die restlichen Fotos herüber, nicht ohne vorher die kleine Tischkerze noch einmal fixiert zu haben, und drückte sie mir als kleinen Stapel in die Hand.

„Sie gehören Ihnen. Als Erinnerung an einen Sommer, der so nie wiederkommt. Wobei man ja nicht weiß, was Zeit wirklich ist. Ich habe da im Laufe der Jahre meine eigene Theorie entwickelt." Sie räusperte sich. „Sehen Sie, die Wissenschaftler träumen von Zeitreisen. Etwa in die Vergangenheit fliegen und – verzeihen Sie mir den Vergleich – Adolf Hitler ermorden, noch bevor er an die Macht kommt. Aber da beißt sich die Katze in den Schwanz: All die anderen Menschen, die dafür am Leben geblieben wären, all diese Menschen wären ja in der Zwischenzeit nicht untätig gewesen. Was sie erschaffen haben, und was nur erschaffen werden konnte durch das, was sie erschaffen haben – könnte all das von einer Sekunde zur anderen von dieser Erde verschwinden? Große Kunstwerke, kleine Kinder, die Kinder dieser Kinder, und noch viel mehr?" Sie stieß ein Seufzen aus. „Nein, die Zeit lässt nur begrenzt mit sich spaßen. Ein wenig können wir ihr manchmal ins Handwerk pfuschen, aber nur bis zu dem Punkt, an dem alles aus dem Leim gehen würde. Am besten, wir denken nicht darüber nach."

Meine Gedanken waren gerade woanders. Ich hatte nie etwas über die gemeinsamen Tage meiner Eltern erfahren. Ich wusste nur, dass mein Vater ziemlich viel Ärger um die Ohren hatte – Anzeigen, Gerichtsverhandlungen, Arreste, allesamt Folgen seiner Unberechenbarkeit – und ich wusste, dass ich meine Mutter liebte. Und es gab eine Frage, die mich in all den Jahren immer wieder beschäftigt hatte:

„Waren sie ... waren wir ein glückliches Paar?“

Sie sah mich lange und mit zusammengekniffenen Augen an. Dann war plötzlich ein Lächeln in Ihrem Gesicht, das ich nicht hatte kommen sehen, wie bei einem dieser Vexierbilder, die sich unmerklich verändern, wenn man sie lange genug anstarrt.

"Sie wissen das nicht selbst?", fragte sie, zu einem Denkspiel aufgelegt.

"Nun, man weiß nie ... ich meine, andere sehen das oft deutlicher. Habe ich sie gut behandelt, war ich achtsam zu ihr?"

„Das scheint Ihnen Sorgen zu machen“, sagte sie. „Keine Sorge, Ihr Mädchen war stets auf Ihrer Seite. Sie wusste auch genau, wie Sie zu besänftigen waren, von einer Sekunde auf die andere. Ich musste immer lachen, wenn ich Sie beide zusammen sah.“

„Hatten wir ... äh, Streit, als wir hier waren?“

„Bestimmt das eine oder andere Mal. Welches junge Pärchen lebt schon in totaler Harmonie? Aber als Sie dann wegfuhren – ich weiß noch, es war einer der wenigen Tage, an denen es hier im Sommer regnete – war ich ... ja, todtraurig.“ Sie betrachtete noch einmal eins der Fotos mit meiner Mutter. „Sie war so hübsch, so voller Heiterkeit, und ich weiß noch, dass sie immer viel lachte. Geht es ihr gut?“

„Daran zweifle ich keinen Moment.“

Sie schlug mit der flachen Hand auf den Tisch. „So, und jetzt gehe ich wieder schlafen. Genießen Sie den Rest der Käseplatte, die meine Schwiegertochter für Sie zubereitet hat. Es ist echter Gorgonzola due paste. Wann reisen Sie wieder ab?“

„Sobald es Tag wird.“

Sie seufzte betrübt. „Dann verabschiede ich mich jetzt. Und seien Sie vorsichtig. Sie waren ja nicht gerade ein zaghafter Fahrer. Trinken Sie jetzt auch keinen Wein mehr. Wissen sie noch damals, Ihre Spritztour über den Friedhof?“ Sie hob scherzhaft den Zeigefinger. „Es war eine helle Nacht, genau wie heute. Ich sagte Ihnen ja, Hell und Dunkel kann ich noch unterscheiden.“

Es war stockfinstere Nacht, trotzdem streifte ich mir rasch eine Jacke über und ging los. Die Stille in den Straßen lastete schwer, und schwer lasteten auch die Schwüle und die Dunkelheit. In keinem der Häuser brannte Licht; keiner, der diese Nacht mit mir teilen wollte. Als ich mich dem großen schmiedeeisernen Friedhofstor näherte, sah ich, dicht an der Mauer, das geparkte Motorrad. Ich blieb stehen. Ich setzte mich auf den Sattel, fasste es am Lenker, stellte mir vor, selbst damit zu fahren; ich wusste ja, wie es sich anfühlte.

Die Maschine hatte kein Nummernschild, war wie ein Geisterschiff, das bald Nebelschwaden verschlingen würden. Ich betrat den Friedhof. Wenn einer hier geschützt war, dann ich heute Nacht. Bald hörte ich Stimmen näherkommen. Das junge Pärchen befand sich auf dem Rückweg. Sie plauderten und lachten, aber es war mir unmöglich, ihre Gesichter zu erkennen. Gern hätte ich ein Wort gesagt, aber vielleicht würde ich die Frau nur erschrecken, und die ganze Romanze wäre im Eimer. Im Übrigen: Wer auf dieser Welt möchte die Karten der Zeit so heillos durcheinanderbringen, dass sie nachher vielleicht nie wieder zu ordnen sind? Eine Begegnung war nicht vorgesehen. Und so duckte ich mich zwischen zwei Gräberreihen, um nicht gesehen zu werden, sah Käfer und Spinnen in der Dunkelheit spazierengehen, roch den süßlichen Duft vergammelter Blüten. Sie liefen so dicht an mir vorbei, dass ich das Parfüm der Frau riechen konnte: ein vertrauter Duft, ein Duft, der mir Trost gab und Frieden. Dann hörte ich den Mann an ihrer Seite lachen, rau und irgendwie schadenfroh. Ich sah seine schmutzigen Stiefel, die sich in die Friedhofserde bohrten, ich sah eine Hand voll protziger Ringe im Laternenschein: Ringe, wie ich sie als Junge selbst gern getragen hatte. Dann waren beide verschwunden. Ich hörte noch ihr Gelächter, das an eine verrückte Nacht in einer Bar erinnerte, eine Nacht voll Spaß und knallender Knorken. Ich machte mich davon, so schnell ich konnte.

In meinem Zimmer ging ich die Fotos noch einmal durch. Eine Verwechslung war ausgeschlossen. Die blinde Frau hatte wohl ihre anderen Sinne so geschärft, dass irgendetwas an mir sie sofort an meinen Vater erinnert hatte. Erinnerungen streichelten mich wie sanftmütige Schatten. Ich hatte meine Mutter sehr geliebt und ihren Tod nie verwunden. Meinen Vater, einen raubeinigen Burschen vom Jahrmarkt, hatte ich bis zu seinem Tod höchstens vier- oder fünfmal gesehen. Ich war dankbar, diese Fotos in Händen zu halten, die eine Zeit dokumentierten, die mir wie viele Zeiten meines Lebens einfach entglitten war.

Ich steckte das Päckchen in meinen Koffer, schloss ihn ab und hängte mir den Schlüssel um den Hals. Danach verfiel ich in einen unruhigen Schlaf voll Bilder und Schemen, glaubte auch das Motorrad wieder zu hören, aber bestimmt war es nur das Echo, das wir manchmal so schwer aus dem Kopf bekommen, wenn wir am Tag unsere Sinne überflutet haben. Zwei Stunden später war ich hellwach.

Mein erster Gedanke beim Aufwachen waren die Fotos. Mir fiel ein, dass es eigentlich niemanden mehr gab, dem ich sie zeigen konnte. Die Leute aus meiner Verwandtschaft waren alle tot oder ohne Kontakt zu mir. Der Schlüssel hing noch an meinem Hals, und wieder zog es mich zu dem Umschlag, den ich wie ein Schutzmedaillon empfunden hatte, während ich vor mich hindämmerte. Weil ich wusste, dass all das zusammenhing und einen Sinn ergab.

Ich konnte den Umschlag nicht finden. Vielleicht hatte ich ihn gar nicht in den Koffer gesteckt, es schlichtweg vergessen, dachte ich und suchte auf meinem Nachttisch und an allen möglichen Orten im Zimmer.

Die Bilder waren weg.

Hatte ich sie in der Wirtsstube liegen lassen? Nein, ich hatte sie mir vor dem Einschlafen ja noch einmal angesehen. Gut, meine Zimmertür war nicht verschlossen gewesen, aber als einziger Gast in einer Pension voll vertrauenswürdiger Gesichter hätte ich es nie für notwendig erachtet, mich einzuschließen; außerdem wäre ich, falls jemand versucht hätte, mir den Schlüssel vom Hals zu stehlen, davon mit Sicherheit aufgewacht. Ich suchte weiter, landete immer wieder an den gleichen Orten, ließ frische Luft durchs Fenster und begann von vorne. Dann gab ich es auf. Die Sonne kroch aus ihrem Versteck. Autos ratterten vorbei. Ich war in Südfrankreich, in einer Straße, in einem Haus, das ich von irgendwoher kannte.

Franzosen sind keine Frühaufsteher. Ich hatte mit meinen Wanderungen durchs Haus die Wirtsleute zur Unzeit auf den Plan gerufen, und sie halfen mir beim Auszug. Das Frühstück fiel eher karg aus: ein hartgekochtes Ei, ein Stück Waffel, etwas Kaffee. Am Tisch wurde hauptsächlich geschwiegen.

„Ihre Mutter war so freundlich, mir gestern beim Essen ein wenig Gesellschaft zu leisten", sagte ich. „Ich nehme an, sie schläft noch."

„Meine Mutter?" Der Mann runzelte die Stirn. „Sie waren doch nicht etwa bei ihr im Zimmer?"

„Nein, sie ist hier hereingekommen. Sie hat mir ..."

„Meine Mutter kann nicht hier gewesen sein", unterbrach er mich. „Sie ist seit Jahren bettlägerig. Sie hat ihr Zimmer unten im Kellergeschoss und könnte nie allein hier hochsteigen. Außerdem ist sie fast blind."

„Sie kann immer noch hell und dunkel unterscheiden", sagte ich.

Die Wirtsleute blickten einander an.

„Wo fahren Sie jetzt hin?" fragte der Mann.

„Nach Aubenas."

„Es wird bald regnen", sagte die runde Frau, während sie den Tisch abräumte. „Wenn sie trocken dort ankommen wollen, sollten Sie sich beeilen." Beide prosteten mir zu und tranken ihr frisch eingeschenktes Glas in einem Zug leer.

„Vielleicht sehen wir uns ja mal wieder", sagte ich.

Der Mann lachte gequält. „Kann ich mir nicht vorstellen, dass es Sie noch einmal hierher verschlägt. In der Regel sehen wir jedes Gesicht nur ein einziges Mal."

Ich fuhr nicht nach Aubenas, ich fuhr bis zur Grenze, schlief ein paar Stunden an einer Raststätte und machte mich dann auf den Weg zur Grenze. Noch bevor ich zu Hause meine Koffer auspackte, kramte ich die alten Reisedokumente meiner Mutter hervor.

Sie waren 1960 dort gewesen, nur für ein paar Tage - meine Mom und der Mann, der nach wenigen Wochen wieder aus ihrem Leben verschwand. Um unabhängig zu bleiben, hatten sie für ihre Reise sein Motorrad gewählt. Das war im Mai gewesen.

Im Dezember desselben Jahres wurde ich geboren. Mom musste also im dritten Monat mit mir schwanger gewesen sein. Als ich zur Welt kam, war Paps bereits über alle Berge. In einer Schublade fand ich einen Stapel Zeitungsartikel, die alle irgendwie mit seinen Rechtsbrüchen zu tun hatten.

Darunter befand sich auch eine Anzeige von einer französischen Polizeidienststelle - wegen Störung der Totenruhe.

Die Stadt im Nebel

Es war kein gutes Jahr für Jervy Seger. Im Sommer war er von Amerika nach Deutschland zurückgekehrt und wollte eigentlich für ein Jahr bleiben, um zu entspannen und die Zeit mit seiner Familie zu genießen. Nach vierzehn Tagen jedoch begann sein Stiefvater, ihm wegen einer Erbschaftsangelegenheit zuzusetzen, und eine Beziehung zu einer Frau, die er gleich in den ersten Tagen geknüpft hatte, endete mit bösem Blut. Aus reiner Langeweile wollte sie ein Kind von ihm. Nach dreieinhalb läppischen Wochen. Das konnte man nur Überdruss nennen, die gedankenlose Sucht nach Spinnereien.

Er hatte keine Lust auf eine Vaterrolle; er lebte in einem großen Saal, und sie wollten ständig neue Sachen dort hineinquetschen, bis er eng und voller Stolperfallen war. Wenn du es nicht tust, hatte sie gesagt, dann wird ein anderer Mann mir dabei helfen. *Mir helfen.* Eine Beziehung war keine Wohltätigkeitsveranstaltung. Just an diesem Abend schlug er ihr die Tür vor der Nase zu.

An jenem Abend saß er in seinem Zimmer, starrte auf sein Gepäck und verspürte Trostlosigkeit, die sich wie feuchter Schnee in seine Gebeine fraß. Das war hier nicht mehr sein Ort und würde es nie wieder sein. Er ging ins Wohnzimmer seiner Mutter, suchte die Nummer des Reisebüros heraus und buchte einen Flug nach Spanien. Er bekam ein Ticket für den darauffolgenden Morgen, verließ das Haus Punkt acht Uhr, ohne sich von jemandem verabschiedet zu haben und flog los, ohne eine Mütze Schlaf.

Er wusste, dass er sich mies benommen und seinen Stiefvater einen *tyrannischen alten Stinkstiefel* genannt hatte. Er wusste auch, dass er Viola das schlimmste Wort an den Kopf geworfen hatte, das man zu einer Frau sagen konnte. Seine Nerven lagen blank. Zweimal pöbelte er im Flugzeug die Stewardess an; seinen Sitznachbarn ermahnte er, endlich den Schnabel zu halten, und bei seiner Ankunft geriet er in Streit mit einem hartnäckigen Drogenverkäufer, dem er schließlich Tritte in den Hintern androhte. Vier Stunden später lag er in seinem Hotelbett und schlief.

Das Tückische an den Stunden, die man als frischgebackener Hotelgast gleich nach der Ankunft verschläft, ist, dass man meist mitten in der Nacht aufwacht, putzmunter und voll Tatendrang, während die Welt noch in tiefem Schlummer liegt. Er kannte La Grimoza nicht, er hatte nie von diesem Ort gehört, er hatte sich vom Klang des Namens leiten lassen, der ihn an etwas Vergessenes erinnerte, etwas Gewesenes, eine leise, immer noch schwingende Note. Er wusste nicht, wie groß die Stadt war, welche Sehenswürdigkeiten es hier gab und wohin man abends gehen konnte. Trotzdem zog er sich an und verließ das Hotel; es war zwei Uhr morgens.

Es gibt Städte wie Paris oder New York, in denen zu jeder Tages- und Nachtzeit Lichtreklamen leuchten und Menschen lachen und Autos hupen. Dieser Trubel war es, den er auf seinen Reisen immer gesucht hatte. La Grimoza war anders: eine stille Stadt mit großen Plätzen, vielen Kirchen und in karamellfarbenes Licht getauchte Gassen – dazu erschreckend leer. Die schwere und feuchte Luft, die wie eine Glocke über der Stadt hing, machte ihm schwer zu schaffen. Er hatte Probleme beim Atmen, jeder Schritt wurde zur Tortur, und bald fühlte er sich auf seinem Spaziergang noch trostloser als im Hotel. Da jedoch weit und breit kein Taxi zu sehen war, blieb ihm nichts anderes übrig, als den Rückweg zu Fuß anzutreten.

Vor dem Eingang eines Mietshauses stand ein Mädchen, das auf jemanden zu warten schien. Er wollte, dass sie ihm zulächelte, ein Funke in der Nacht, doch sie wirkte bedrückt. Sie sang vor sich hin, ein paar Melodiefetzen, die er nicht erkannte. Er konnte ihre Trauer spüren und hatte das Gefühl, etwas dagegen tun zu müssen, aber das Mädchen sah nicht aus, als wären es Worte, auf die sie wartete. Irgendwann sprach sie ihn auf Englisch an:

„Sie suchen Menschen? Sie werden hier keine finden."

Er blickte die leere Straße hinab, dann wandte er sich zu ihr um. „Begegne ich nicht gerade einem?"

„Manchen bleibt nichts übrig, als sich um diese Zeit in den Gassen herumzutreiben", sagte sie. „Ansonsten ist La Grimoza ziemlich tot. Früher nannte man es die Stadt der Unerlösten oder die spanischen Rossbreiten."

„Und das bedeutet?"

„Windstille. Ein Einmachglas. Ich glaube, es hat mit der Vergangenheit zu tun." Sie zog eine Bürste aus ihrer Handtasche und zog sie verlegen durch ihre Frisur. Sie hatte lichtbraunes Haar, als hätten sich Reste von Neon darin verfangen. Ihre Beine waren braungebrannt wie nach vielen Tagen am Strand, und sie trug rote, glänzende Stiefel. „Haben Sie Lust, mit mir zu kommen?"

„Heute nicht. Heute will ich nur traurig sein. Das ist überhaupt der Grund, weshalb ich hierhergekommen bin."

„Es kommen immer Leute nach La Grimoza, die traurig sein wollen. Es zieht sie von selbst hierher. Manchmal sind die hübschesten Burschen darunter. Aber meine Mutter hat mir einmal einen guten Rat gegeben. Wenn du nicht weißt, ob du dich für oder gegen einen Mann entscheiden sollst, sagte sie, dann versuche herauszufinden, ob es ihn stören würde, der Vater deines Kindes zu sein. Wenn nein, dann ist es der richtige für dich. Wenn du dir nicht sicher bist, lass die Finger von ihm. Ergibt das Sinn für Sie?"

Ein forderndes Gesicht zog an ihm vorbei, nichts Ganzes, ein Klumpen Matsch nur, der mit anderen Bildern verschmolz.

„Heute nicht mehr. Wenn ich ein anderes Mal darüber nachdenke, bestimmt."

„Wenn Sie nicht mehr traurig sind?"

„Wenn ich nicht mehr traurig bin." Er hob die Hand in ihre Richtung und machte sich auf den Weg zurück ins Hotel. Die Strecke zog sich hin, aber er hatte keine andere Wahl. Als er aus dem Aufzug trat, hörte er ein Telefon läuten – und je näher er seinem Zimmer kam, umso sicherer war er sich, dass das Klingeln von dort kam. Er nahm den Hörer ab.

Nur ein Atmen. Dann ein Kichern. Dann ein Rascheln, das nicht zu deuten war.

„Hallo?", sagte er zum zweiten Mal.

Es knackte. Aufgelegt. Niemand weiß, dass ich hier bin, dachte er, der Anruf kann nicht für mich gewesen sein. Aber dann klingelte es wieder, und das Spiel wiederholte sich. Atmen,

Kichern, Rascheln, Knacken. Er legte den Hörer neben das Gerät und versuchte einzuschlafen, sein Kopf jedoch arbeitete rastlos weiter. Nach etwa einer Stunde hatte sein Gehirn sich einigermaßen beruhigt, als er plötzlich aus dem Halbschlaf hochschreckte.

Es war etwas draußen auf der Straße. Jemand weinte, aber es war mehr als ein Weinen, es war das langgezogene Klagen einer Frau, das stetig näherkam, immer lauter wurde, schließlich direkt unter seinem Fenster zu stehen schien, eine Verzweiflung, ein Jammern, ein Brüllen vor Kummer, ein Leid. Gäbe es Schlachthäuser für Menschen, würden dort vielleicht solche Schreie ertönen. Er setzte sich im Bett auf.

Er war kein ängstlicher Typ, doch diesmal wagte er es nicht, aus dem Fenster zu blicken, aus Angst, etwas Furchtbares zu sehen. Er zog sich die Decke über den Kopf, er stand auf und lief ein paar Schritte den Korridor auf und ab, völlig überzeugt davon, dass auch andere Gäste es hören mussten. Doch aus keinem der Zimmer drang Licht, und er fragte sich, ob die anderen Räume auf seiner Etage überhaupt belegt waren. Der Gedanke, mutterseelenallein hier unter dem Dach zu sein, beunruhigte ihn. Er fragte sich, ob es so etwas wie einen Zimmerservice gab. Er fand eine Nummer auf einer Tafel über dem Telefon, legte kurz auf, um wählen zu können, doch just in diesem Moment klingelte es wieder, und keine Explosion hätte ihn mehr erschrecken können als das Läuten dieses Telefons.

„Gott, lass es aufhören“, murmelte er in sein Kissen.

Sein Gebet wurde erhört, vorläufig, doch fast im gleichen Moment fing die Frau auf der Straße wieder an zu klagen, und es war niemand da, der ihr Antwort gab oder sie tröstete. Warum gehst du nicht hinaus? fragte er sich. Du warst nie ein Hasenfuß, was ist es, wovor du solche Angst hast?

Niemals ...

Er warf den Kopf in seinem Kissen hin und her und schlief nicht wieder ein.

„*Habla español?*“ Es war ein älterer, schwarzhaariger Mann, der sich am nächsten Morgen im Frühstücksraum an seinen Tisch setzte.

„*Un poquito.*“

„Ich führe Touristen in der Stadt herum. Wollen Sie, dass ich Ihnen ein paar Dinge zeige?“

Jervys Augen fühlten sich entzündet und trocken an, er war letzte Nacht nicht wieder eingeschlafen. Als er seine Kaffeetasse zum Mund hob, zitterte er und verbrühte sich beinahe die Hand.

„Wieso nicht? Der Tag ist noch jung, aber ein wenig Sonne wäre auch nicht schlecht.“

Der Mann geleitete ihn zur Tür. „Hier scheint nie die Sonne. Die Stadt liegt in einer Niederung zwischen zwei Gebirgszügen, aus der sich der Dunst nicht verzieht. Deshalb ist es hier immer feucht und fast völlig windstill. Eine meteorologische Laune, wenn man so will. Aber wenn man hier lebt, gewöhnt man sich daran.“

Es war Sonntag, in den Kirchen begann gerade die Frühmesse, und die Stadt vibrierte vom ohrenbetäubenden Läuten der Glocken. Der Mann zeigte ihm ein paar Gebäude und Plätze und gab dazu Erklärungen ab, denen Jervy nicht folgen konnte.

„Ich war vergangene Nacht ein wenig unterwegs. Alles ziemlich tot hier. Was ist das für eine Stadt, La Grimoza?“

Der Mann lachte und zündete sich eine Zigarre an, deren süßlicher Duft sich mit der fauligen Luft des windstillen Morgens vermischte.

„Darf ich eine Gegenfrage stellen? Warum sind Sie hierher gekommen?“

„Oh, ich hatte Ärger mit meiner Familie. Und mit einem Mädchen. Ich hielt es für besser, ein paar Wochen lang Abstand zu halten.“

Der Mann nickte, als gingen alle Geschichten so, die man ihm erzählte.

„Und dann ... war da noch etwas“, sagte Jervy. „In meinem Zimmer klingelte fortwährend das Telefon. Dann hat eine Frau auf der Straße geschrien. Vielleicht brauchte sie ja Hilfe. Wohnen Sie auch hier im Hotel?“

„Nein.“ Der Mann schüttelte langsam den Kopf. In einer der Kapellen wurde die Lauretanische Litanei intoniert, und ein paar Hunde heulten dazu, als versuchten sie es zumindest. „Ich wohne draußen in El Consuelo.“

„Aber die Leute im Frühstückraum, die müssen doch zumindest im Hotel wohnen?“

Wieder schüttelte er den Kopf. „Wenn Sie genau hingesehen hätten, wäre Ihnen aufgefallen, dass hier jeder frühstücken kann. Man muss dazu kein Hotelgast sein. Aber erzählen Sie mir von der Frau.“ Er klopfte seine Zigarre ab, indem er die Finger aneinander stieß.

„Es war nichts Besonderes mit der Frau. Sie hat laut geweint, als wäre aller Schmerz der Welt in ihr. Und eine Spur von Hass. Deshalb hatte ich auch Skrupel, zu ihr hinauszugehen.“

„La Llorona“, sagte der Mann und faltete die Hände, als schicke er ein Stoßgebet zum Himmel. „Schätzen Sie sich glücklich, dass Sie sie nur gehört und nicht zu Gesicht bekommen haben. La Llorona ist hässlich, ihr Gesicht ist eine widerwärtige Fratze. Aber diese Fratze hatte sie nicht immer. Vor hundert oder hundertzwanzig Jahren war sie ein bildhübsches Mädchen. Sie wohnte hier in der Stadt. Arm, furchtbar arm, aber eine Schönheit. Und sie suchte sich die Männer danach aus, ob sie Geld hatten und sie versorgen konnten. Einige Männer verfielen ihr und gewährten ihr eine Zeit lang Unterschlupf, und immer endete es damit, dass sie ein Kind von ihnen erwartete. Dann machten sie sich wieder aus dem Staub.“

„Eine alte Sage?“ fragte Jervy.

„Wie man's nimmt. Es kann nur eine Geschichte sein, *una storia*, es kann aber auch Geschichte sein, *historia*. Ich kann es Ihnen nicht sagen, so alt bin ich auch wieder nicht.“ Sein Blick wanderte über die Brücke hinab zum Fluss, dessen regloser Spiegel im Morgenlicht wie gefroren schien.

„Sie hätte diese Kinder allein nie hochgebracht“, sagte er und deutete zum Ufer. „Also ging sie dort hinab, ein Stück weiter westlich, zum Stadtrand, und schenkte sie dem Fluss. Und der Fluss trieb die kleinen Leichen davon, die nie gefunden wurden. Und Sie wissen ja, wie Mütter sind: La Llorona konnte mit dieser Schuld nicht lange leben. Darum begibt sie sich jede Nacht, auch heute noch, vom Friedhof hinab zum Fluss und beweint ihre toten Kinder. Sie will sie wiederhaben. Erst wenn sie ihre Kinder beerdigt hat, auf geweihtem Land, dann kann sie ruhen. Dann wird sie nicht mehr nachts durch die Stadt streifen und klagen. Viele Leute, die hierherkamen, haben ihre Schreie gehört. Helfen konnte ihr keiner.“ Fast wütend warf er den Stummel seiner Zigarre aufs Pflaster. „Der letzte Mann, in den sie sich verliebte, war ein reisender Musiker, die beiden waren sehr ineinander verliebt. Doch dann ging sie freiwillig in den Tod. Es ist nie gut zu gehen, bevor man seine Rechnungen nicht beglichen hat. Ein bisschen so, als würde man mit Sorgen zu Bett gehen.“ Er hielt die Hand über die Brauen und blickte auf eine der vielen Turmuhren ringsum. „Gehen wir jetzt zurück ins Hotel. Das Mittagessen wird bald serviert.“

„Hi, Mom“, sagte Jervy. „Frag mich jetzt nicht, wo ich bin, sonst muss ich dir sagen, dass ich in Spanien bin, und du wirst mich fragen wieso, und wir kommen nie zum Thema. Ihr werdet mich bald wieder am Hals haben, vielleicht schon morgen. Sag Daddy, er soll sein wie immer, dann bin ich es auch. Und lass ihn wissen, dass ich es für dich tue, nicht für ihn.“

Tatsächlich ging es ihm vor allem darum, dass seine Mutter nicht unter der schlechten Stimmung leiden musste. Sein Stiefvater hatte ihn immer spüren lassen, dass er nicht sein leibliches Kind und in seinen Augen ein Bastard war. Nicht nur einmal sagte er zu ihr, es wäre besser gewesen, ihn abtreiben zu lassen.

„Erzähl ihm das am besten selbst“, sagte seine Mutter. „Vielleicht erfährst du dann auch, dass Viola sich inzwischen gemeldet hat. Leider war ich nicht am Apparat. Vielleicht will sie ja, dass alles wieder in Ordnung kommt. Aber wieso bist du in Spanien?“

Für den gleichen Tag waren alle Flüge ausgebucht, und so blieb ihm eine letzte Nacht, die er hier verbringen musste. Er hatte seiner Mutter die Durchwahl zu seinem Hotelzimmer gegeben; so bestand, falls mitten in der Nacht das Telefon wieder läuten sollte, zumindest die vage Hoffnung, sie könnte es sein.

Als es dunkel wurde, ging er hinunter zum Fluss, stand am Ufer und blickte hinaus. Nebelfetzen trieben vorbei wie Totenschiffe. Am gegenüberliegenden Ufer sah er ein Grillfeuer, und ein paar Männer lachten und spielten Mandoline. Er versuchte, tief durchzuatmen, doch der Dunst kondensierte in seiner Nase und bildete eine salzige Kruste. Nach einer Weile trat sie aus dem Nebel, und er stellte sich vor, mit ihr käme der Wind.

„Wie sieht es heute aus?“ fragte sie.

„Wie heißt der Fluss eigentlich?“, fragte er.

„Ich kann es mir nicht merken.“ Ihr Blick wanderte zum Himmel, als kämen ihr wunderbare Erinnerungen an früher. „Ich glaube, jeder hat einen anderen Namen für ihn. Aber ich hatte *dich* etwas gefragt.“

Er seufzte. „Nun ja, man kann nicht ewig traurig sein.“

Ihre Lippen waren weich und süß, ihr Haar wie ein Nest, in das er sich schmiegen wollte. Hand in Hand liefen sie am Ufer entlang, das Grillfeuer erlosch, und tausend kleine Lichter strahlten auf dem See wie Kerzen. Der Himmel über La Grimoza jedoch blieb schwarz und trüb wie immer.

Sie taten es, spät nach Mitternacht auf einem Grabstein des *Camposanto de Mueca*. Als er am Morgen ging, wollte er sich mit einem Kuss von ihr verabschieden, doch er hatte Angst, ihr ins

Gesicht zu blicken. Vielleicht war es ja noch schön, wie in der Nacht zuvor, vielleicht aber ... Es gibt Dinge, die man gerne mit dem Schicksal teilt, und es gibt Dinge, die zu wissen man dem Schicksal gern allein überlässt. Er nahm ein Taxi zum Hotel, wo noch seine Koffer standen, und wusste, dass er nie mehr hierher zurückkommen würde.

„Ach, das ist doch immer so“, sagte seine Mutter am Telefon. „Die meisten Orte sehen wir nur einmal im Leben, und dann nie wieder. Hauptsache ist, wir nehmen eine Erinnerung mit. Oder lassen etwas zurück, das andere an uns erinnert. Übrigens, Viola hat sich schon zweimal wieder gemeldet. Was soll ich ihr sagen?"

Durchs offene Fenster sah er eine Schar Vögel, die auf dem Dach einer der Kapellen saßen wie erstarrt. Er klatschte in die Hände, doch sie waren träge vom Sommer und bewegten sich nicht. Er nahm den Hörer wieder in die Hand.

"Am besten ... du sagst ihr, ich komme nie wieder."

Untern Linden

Als die berühmte Film-Ikone Marya Brandenburg schon sehr krank war und ihr Bett nicht mehr verließ, entwickelte sie eine sonderbare Marotte: Sie rief den ganzen Tag irgendwelche Leute an. Nicht nur Freunde und nahestehende Menschen, sondern auch Fans, die ihr geschrieben und – wie Fans das oftmals tun – ihre Telefonnummer hinterlassen hatten. Es ist eine verbreitete Angewohnheit bei älteren Damen, die wissen, dass sie auf dieser Welt nicht mehr viel zu sehen bekommen werden: Sie schnappen sich ihr kleines, ledergebundenes Notizbuch mit den altmodischen Stickereien, setzen ihre Brille mit den dicken Gläsern auf und gehen auf eine weite Reise durchs Telefonnetz. Ihre Freundinnen von früher freuen sich, wieder einmal von ihnen zu hören, doch sobald sie das Wort Besuch in den Mund nehmen, wird das Gespräch abgebrochen, und irgendwann stöhnen sie nur noch genervt, wenn sie die Nummer der alten Bekannten im Display sehen. So war es auch bei Marya. Sie telefonierte zu allen Tages- und Nachtstunden, zu sich ins Haus jedoch ließ sie niemand.

Chad Burkowitz war ein junger Journalist, der vor Jahren eine ausführliche Reportage über Marya geschrieben hatte, zu ihrem achtzigsten Geburtstag. Seitdem war er vernarrt in die Sagengestalt, die sie verkörperte: Als Engel, als Göttin der Leinwand hatte man sie zu ihrer großen Zeit bezeichnet, bekannt für ihren kecken Blick und die bildhübschen Beine, und nach und nach hatte er sich all ihre Filme auf DVD zugelegt, ebenso wie die Platten, auf denen sie über das Berlin der Gaslicht-Ära sang:

über den guten alten Zille, den tropfenden Jeranientopp und das Mädchen, das, als sie ihrem Traumprinzen begegnet, gestehen muss: … *und dann weiß man nicht, was man sagen soll.* Wenn er ihre Songs hörte, war Frühling, und die Bäume blühten, und verliebte Pärchen flanierten unter den Linden.

Er hatte damals gelesen, es gehe ihr schlecht. Das Einzige, was ihm noch fehlte, war etwas, das ihn auf ewig mit ihr verband. Keine breite Straße, aber vielleicht ein Klavierakkord, ein Liedfetzen mit einer Szene aus seinem Leben – ein kleiner, verwachsener Weg, der dem Unkraut niemals ganz zum Opfer fiel. Er war 22 Jahre alt, als er ihr einen Brief schrieb, in dem er ihr aus seinem Leben erzählte, sich philosophisch gab, ohne sie zu überfordern, an manchen Stellen auch versuchte, männlicher zu klingen als er es je gewesen war. Er war der Sohn eines armen, aber strahlend schönen jüdischen Mädchens, und in seinem Brief ließ er offen, ob sie nur eine gute Mutter war oder ein Star am Broadway. Ähnlich verhielt es sich mit dem Bild, das er von sich selbst entwarf: Er schickte ihr ein Foto von sich am Strand, das offene Hemd über dem Bauchnabel verknotet, Sand an den Füßen, Abendröte im Haar. Er bat sie um ein Autogramm. Das aber nie kam.

Für ein paar Monate war sein Stolz verletzt. Aber man muss tapfer sein, wenn man als Widersacher die Realität hat. An einem jener Abende saß er zu Hause und wartete auf einen Anruf von Luisa. Er war seit Wochen hinter ihr her, und er akzeptierte es nicht, wenn er mit einem Mädchen, das ihn interessierte, nicht wenigstens einmal ausgegangen war. Luisa arbeitete in einer Herrenboutique, die er in seiner Mittagspause oft aufsuchte, um sich von ihr beraten zu lassen, und sie hatte ein Feeling für seinen Stil, wusste zum Beispiel, in welchen Klamotten er auch seine Schwachstellen in Vorzüge umwandeln konnte. Natürlich lernte sie auf diese Weise seine Schwachstellen, die er sonst so gut verbarg, erst richtig kennen. So wurde er mit jedem Einkauf ein wenig mehr vom Fremden zum Freund. Und heute, heute hatte er sie endlich gefragt, ob sie Lust hätte, mit ihm ins Kino zu gehen. Es lief ein alberner Film mit Keith Coogan, aber wer zum Henker kannte Keith Coogan außer ihm und ihr? Er schätzte ihn wegen seiner Rolle in *Babysittin' Blues*, sie hatte ihn in *Boy Soldiers* bewundert. Er hatte ihr seine Nummer gegeben, und so saß er nun hier und starrte das Telefon an. Als es zwei Minuten früher läutete als vereinbart, dachte er: Sie scheint nicht so schlau zu sein wie ich dachte. Man rief jemanden, der wartete, unter gar keinen Umständen zu früh an.

„Haben Sie ein paar Minuten Zeit für Frau Brandenburg?"

„Für wen?"

Ein paar Sekunden später war sie am Telefon. „Hallo, Chad", sagte sie, und er sah sie im Bett liegen, den Hörer in der knochigen Hand, in einer Mietswohnung in Paris, die nach altem Essen und einer ungeleerten Urinflasche roch. Er nahm sich zusammen.

„Ist das ein Scherz? Ich glaube es nicht. Sie haben keine Ahnung, wie geehrt ich mich fühle, Frau Brandenburg, ich bin ... ja, im Moment nur ... Sie müssen verzeihen."

„Geehrt?" krächzte eine Greisinnenstimme. „Nein, umgekehrt wird ein Schuh draus. Sie sind ein hübscher Junge, nach ihrem Bild zu schließen. Braungebrannt. Sportlich." Er spürte, wie sie lautlos lächelte. „Habe ich recht?"

Eigentlich hatte er gemeint, sie würde von sich erzählen – doch sie hatte ihm die Ouvertüre überlassen, und diese Ouvertüre wurde von ihr dirigiert: Was er arbeitete, wollte sie wissen. Ob er Geschwister habe, wie ihm Berlin gefalle. Dann, durch dieses Stichwort – *Berlin* –, kam sie endlich auf sich selbst zu sprechen.

„Ich habe ja eine ganze LP mit Berliner Liedern gemacht. Sie kennen Sie bestimmt, oder? Ach so ... natürlich: Die jungen Leute wollen ja heute ganz andere Musik hören, schnelle Musik, nicht mehr so einfach gestrickt wie zu meiner Zeit." Sie hob die zittrige Stimme: *Es war in Schöneberg, im Monat Mai ... ein kleines Mädelchen war auch dabei.*“ Sie kicherte, als wäre sie selbst dieses kleine Mädelchen. „Oder die vielen Lieder, die unter den Linden spielen ... wie sieht es heute dort aus? Blühen sie noch? Ist es wahr, dass es wieder ein Hotel Adlon gibt?“

„Ich muss Berlin erst noch kennenlernen.“ Er wollte nicht, dass sie das Thema verfliegen ließ. „Ich erzähle gern Geschichten, aber ich habe noch keine vorrätig. Um Geschichten erzählen zu können, muss man Geschichten erlebt haben. Von kurzen Nächten, von lauten Festen, von stillen Straßen am Sonntag danach. Wie auch immer, Ihre Lieder werden mich begleiten.“

Er wartete auf eine Antwort, doch sie schien gar nicht mehr am Telefon zu sein. Kurz darauf ertönte eine Drehorgel, und er hörte Marya das Lied vom Leierkastenmann singen. Sie musste die Platte aufgelegt haben, während er von sich erzählt hatte.

„Justav, denkste noch daran ...“

„Gustav ist ein schöner, wohlklingender Name“, unterbrach sie ihren eigenen Gesang. „Darf ich Sie Gustav nennen?“

Er fand Gustav nicht schön, aber er gestattete es ihr.

„Immer wenn Sie in dem Lied Ihren Namen hören, dürfen Sie die Augen schließen und sich was wünschen. Also, lauschen Sie."

Das tat er, aber der Name Gustav tauchte kein zweites Mal auf. Als das Lied zu Ende war, spielte sie es noch einmal von vorn.

„... und der Drahhaarterrja kläfft ..."

„... immer noch vor't Milchjeschäft, ja, so isses im Leben. Als wär's wär's gestern erst passiert. Mögen Sie Hunde? Ich hab mit dem Gedanken gespielt, mir einen Hund zuzulegen, aber hier in der Pariser Wohnung, ich weiß nicht. Was würden Sie mir raten?"

„Vielleicht einen kleinen Hund. Einen Drahthaarterrier?"

„Ach, sagen Sie mir nichts von kleinen Hunden. Wenn, dann soll es ein deutscher Schäferhund sein. Wussten Sie, dass es Fotos gibt, von mir und Ernest Hemingway und einem Schäferhund?"

„Nein, leider nicht."

Sie sagte lange Zeit nichts mehr. Ob sie verstimmt war darüber, dass er die Fotos mit Hemingway und dem Schäferhund nicht kannte? Er sah auf die Uhr. Luisas Anruf war längst überfällig, und bestimmt geisterte sie längst durch die Sackgassen des Telefonnetzes. Zum ersten Mal im Leben wünschte er sich, mit einem Mädchen verabredet zu sein, das unpünktlich war. Als Marya wieder sprach, war ihre Stimme eine Terz höher geworden, ein Klagen zitterte zwischen den Silben, ein seltsames Moll schlich sich in die Melodie ihrer Worte.

„Wissen Sie, Gustav, Schönheit ist eine Gabe Gottes – aber sie ist auch eine Knute des Teufels. Mit Klugheit ist es etwas anderes. Klugheit bleibt immer bestehen, aber die Schönheit stirbt. Fahrplanmäßig. Ihre Geschichte mag keiner hören. Deshalb basteln sie heute Stars zusammen, die gar keine Geschichte haben – oder erfundene Geschichten, die wie im Märchen immer gut ausgehen. Die Prinzessinnen aus diesen modernen Märchen sind alle gleich: aufreizend, dumm, auf wenige Worte beschränkt. Mit diesen wenigen Worten versuchen sie, alles auszudrücken, was es auszudrücken gilt. Und irgendwann gehen sie heim zu ihren Ehemännern, die keine hohen Erwartungen an sie stellen." Er hörte sie schlucken. „Und dann sterben sie." Sie wiederholte es, und diesmal war es ein Schluchzen: „Dann sterben sie. Ich hatte nie einen Ehemann. Ich hatte Geliebte, die ich irgendwann heiratete, ja, aber keine Ehemänner. Niemanden, dem ich mein Herz öffnen konnte. Greta und Zarah ging es genauso. Hilde, meine gute Hilde, war die letzte von unserer Art. Uns hat man immer nur angestarrt, aber nie zugehört." Wieder erhob sie die Stimme:

„Der Schaffner sachte bloß mal so,

um zwölwe fahr'n wa ins Depot."

„Singen Sie mit!" Sie lachte kokett.

Er tat es, aber so leise, dass er es später notfalls abstreiten konnte. Und während er sang, flog sein Blick wieder auf die Wählscheibe des Telefons: Vielleicht hatte sie es inzwischen aufgegeben. Bestimmt dachte sie, er hätte den Hörer abgenommen, weil er seine Ruhe haben wollte.

„Marya", versuchte er, sie zu unterbrechen. Aber sie hörte ihn jetzt nicht.

„Man lebt in einer großen Stadt,

und ist doch soooo allein.“

„Marya.“

Er hatte eine der langen Atempausen gewählt, in denen sie ihre brüchige Stimme erholen musste. Ihr Schweigen war ein Fragen.

„Marya, kann ich Sie ... oder können Sie mich zurückrufen? Sie konnten es nicht wissen, als Sie anriefen, aber ich habe eine Verabredung ... mit einem Mädchen.“

Irgendwo in Paris bellte ein Hund. Chads Blick blieb an dem Poster an der Wand hängen, fotografiert vor vielleicht fünfzehn Jahren: eine gealterte Marya, im Wind die Haare, dünn und welk; ein Bild mit Blättern und Wolken, eine faltige Welt, abgegriffenes Silber. Ein menschenleerer Jardin du Luxembourg, der Angst hat vor dem Winter und dem Sterben.

„Eine Verabredung? Geben Sie Acht, dass sie nicht traurig endet. Ich könnte Ihnen da viel berichten, aber ich will Sie ja nicht aufhalten. Ich wünsche Ihnen alles Gute. Sie wissen ja: *...ein kleines Mädelchen war auch dabei – das hat den Buben oft und gern geküsst – wie das in Schöneberg so üblich ist.*“

Er war wieder der kleine Fan. Der unerfahrene Junge am Strand, mit den hochgekrempelten Hosen, der durch einen lachenden Tag ging, stolz auf seine glatte Haut, sein glattes Leben. Aber ein paar Minuten lang war er ihr Vertrauter gewesen.

„Ich rufe Sie wieder an“, sagte sie. „Mein Roman hat noch ein paar Kapitel.“

Der Abend mit Luisa im Kino war einfach ein Abend mit einem Mädchen im Kino, wie er ihn schon oft erlebt hatte. Da war Keith Coogan, aber da waren auch viele falsche Prinzessinnen, die alle gleich aussahen und nach der Vorstellung mit ihren Prinzen in die gleichen Kneipen zogen. „Ich würde gern mal einen ganz alten Film mit dir sehen", flüsterte er, als sie sich Arm in Arm den anderen anschlossen. „Mit Marya Brandenburg oder so."

„Lebt die überhaupt noch?"

„Für den Film ist das unwichtig."

Am nächsten Tag wartete er, und sie rief nicht an. Zwei Wochen später wartete er noch immer, drei Wochen und vier, und der Frühling kam, und die Linden verblühten im Bois de Boulogne. Im Juli schließlich, als es schon sehr heiß war, gab er die Hoffnung auf. Er hatte ihre Nummer nicht. Das einzige, was er tun konnte, war ihr zu schreiben, und das tat er auch, doch seine Briefe blieben ohne Antwort.

Mit Luisa hatte er sich nicht wieder getroffen.

Wenn ich einmal nach Paris komme, dachte er, werde ich an ihrem Haus vorbeigehen, vielleicht sitzt sie ja auf dem Bettrand und zählt die Wolken, so dass ich ihren Schatten am Fenster sehen kann. Vielleicht wird sie lächeln oder mir zuwinken oder das Fenster öffnen und eine ihrer alten Berliner Platten spielen. Die vom Drahthaarterrier. Nur für mich.

Und dann weiß man nicht...

... was man sagen soll ...

Zuhause ist ein einsamer Ort

Irgendwo in den Bergen von Montana stand eine Farm. Dort hätte er die Festtage verbringen und glücklich sein können.

Orin sah sie vor sich, während er aus dem Kneipenfenster blickte, wo Schneeflocken, groß wie die Köpfe von Pusteblumen, durch die sich leerenden Straßen tanzten. Der Wirt lief wie ein hungriger Wolf hinter dem Tresen auf und ab. Es war fünf Uhr abends, und im Tal läuteten die Glocken der Methodistenkirche zum Heiligabend. Er trank den Rest von seinem Glas leer.

„Das waren sieben Bier und fünf Wodka", sagte der Wirt.

Eine schmucke kleine Farm, wie er sie sich als Kind gewünscht hatte, mit strengen Wintern und vielen Tieren, die in den eisigen Nächten dort Zuflucht suchten, um bis zum Ende des Winters seine Gäste zu bleiben. Er sah sich aufstehen, in die Scheune gehen, frische Fußspuren im Schnee hinterlassend. Er sah sich Holz und Briketts sammeln, damit ein langer, gemütlicher Tag wurde. Mom hatte ihm diese Farm immer versprochen. Und dann war alles ganz anders gekommen.

Als der Wirt das Fenster kippte, hörte Orin aus der Ferne einen Kinderchor *Deck the Halls with Boughs of Holly* singen. Der Geruch von Kälte und Dunst hing schwer in der Luft. Beim Aufstehen hatte er einen Moment lang das Gefühl, der Boden würde sich unter ihm neigen. Er hielt sich an der Tischkante fest und drückte die Knie durch. Ich werde jetzt nach Hause laufen, wiederholte er in Gedanken, wie ein auswendig gelerntes Mantra.

Ich werde ein paar Konservendosen leeren und dann die Nachtmaschine nach Montana nehmen.

Die Stadt war so still, dass Zachary das Gefühl hatte, in den Häusern die Herzen schlagen zu hören. Nur Onkel Bob konnte ihm helfen. Onkel Bob war immer da, wenn es knifflige Probleme gab. Heute war schließlich der Tag vor Weihnachten. Da konnte Mom nicht einfach verschlafen. Wenn Onkel Bob sie am Arm rüttelte oder ihr gut zuredete, würde sie sich bestimmt die Augen reiben wie so oft, verwirrt um sich blicken und sagen: *Oh Gott, habe ich fest geschlafen.*

Es war die einzige Nacht des Jahres, in der Zachary bis zwölf Uhr wachbleiben durfte, denn dann war ja schon Weihnachtstag, zumindest dem Kalender nach, und die Geschenke wurden ausgepackt. Meist kam er in dieser Nacht überhaupt nicht zum Schlafen. Mom schenkte sich immer ein Gläschen Sekt ein, und danach noch eines, und dann erzählte sie Geschichten von früher, während Zachary mit den vielen neuen Geschenken herumhantierte und gar nicht wusste, womit er sich zuerst beschäftigen sollte.

Nun schlief sie schon den ganzen Tag.

Hatte sie vergessen, ihm ein Geschenk zu kaufen und stellte sich deshalb schlafend? Nein, so war Mom nicht. Zachary vermutete, dass es irgendwas mit ihrer Krankheit zu tun hatte. Vielleicht war es eine Krankheit, bei der man ab und zu viel schlafen musste und gar nicht wieder aufwachen wollte. Onkel Bob würde das klären.

Als erstes, das war schon spät am Nachmittag gewesen, hatte Zachary daran gedacht, irgendwo anzurufen. Aber wie? Er konnte ja noch nicht richtig lesen, geschweige denn eine Nummer im Telefonbuch finden. Zu den Nachbarn konnte er auch nicht gehen, die redeten kaum mit ihnen und hätten ihn vielleicht nur ausgelacht. Sogar die Polizei war ihm eingefallen – aber die Polizeileute aus der Stadt, die Zachary kannte, waren alle sehr kurz angebunden und barsch; außerdem war es ja wirklich Blödsinn, die Polizei zu belästigen, nur weil jemand länger schlief als normal.

Also war er losgezogen, spät am Abend, mit dicken Stiefeln und einer schwarzen Pudelmütze. Er fragte sich, ob er schon die Hälfte des Weges geschafft hatte. Onkel Bob wohnte weit draußen am Stadtrand, wo es fast nur Tankstellen und alte Gärten und viele unbewohnte Häuser gab. Aber die Tankstellen hatten heute geschlossen, genau wie die Geschäfte und überhaupt alles. Manchmal kam er zusammen mit Mom in diese Gegend, und er kannte den Weg so einigermaßen. Aber im Auto sieht alles viel kürzer aus, und inzwischen taten ihm die Beine weh. Weit und breit war kein Mensch zu sehen.

Ich werde ihm das Fell abziehen, dachte Orin.

Diesem Ganoven von seinem Stiefbruder, der mit seiner Frau Lilly vermutlich längst den Tannenbaum geschmückt hatte, und hoffentlich hatten sie wenigstens tüchtig gestritten. Es war nicht schwer, mit Felix in Streit zu geraten. Ihr werde ich auch das Fell abziehen, sagte sich Orin, nur was er mit dem kleinen Mädchen anstellen sollte, wusste er noch nicht. Wahrscheinlich musste sie auch dran glauben, es war vermutlich sogar die bessere Lösung. Sonst war sie ein Leben lang gezwungen, das Bild ihrer Eltern mit sich herumzutragen, wie sie vor dem Weihnachtsbaum lagen, mit aufgeschlitzten Bäuchen, die Gedärme herausquellend. So etwas gönnt man einem siebenjährigen Kind nicht unbedingt.

Die Stadt war wie leergefegt, weil alle feierten. Im Vorbeigehen sah er leuchtende Bäume hinter den Fenstern, das Schimmern von Kerzen, und manchmal erklangen Lieder, im Chor gesungen. In anderen Wohnungen war es dunkel und still. Das waren Leute wie er, die vielleicht planlos durch die Nacht zogen, weil jemand sie um ihre Farm betrogen hatte. Wieder woanders lief ein Fernseher. Das waren die Mutlosen, die sich nicht dazu entschließen konnten, einen Nachtflug nach Montana auf sich zu nehmen, um ihr Leben wieder in Ordnung zu bringen.

Er sah sich im Geiste den Hügel zu dem Farmhaus hochlaufen. Alles war verschneit, in Montana schneite es um diese Zeit immer. In der Ferne sah man die Wälder, die im Sommer blau schimmerten, sich aber, wenn der Herbst kam, in moosgrünen Dunst hüllten. Als Kinder waren sie oft hier gewesen, Felix und er, zusammen mit Mom, waren Ski gefahren und auf dem Cracker Lake Schlittschuh gelaufen. Am deutlichsten erinnerte er sich an die Kälte und den dicken Dunst, den man beim Ausatmen erzeugte. Einmal hatte Felix vor seinen Augen einen ganzen Lungeninhalt in die Luft gepustet und gesagt: „Siehst du, jetzt ist die Farm verschwunden. Ich bin ein Zauberer. Und jetzt ...", er schnalzte mit den Fingern, „hole ich sie mir wieder zurück."

Manchmal, wenn Mom und Orin ein paar Meter entfernt liefen, zog sie ihn an sich und flüsterte:

„Mach dir keine Sorgen. Du liebst diese Farm, oder? Sie wird einmal dir gehören. Dir ganz allein."

„Und Felix?"

„Der bekommt das Haus in der Stadt."

Genau umgekehrt war es gekommen. Wegen dieser verdammten Schenkungsurkunde, die Mom ein paar Tage vor ihrem Tod beim Notar unterschrieben hatte. Kein Mensch hatte etwas davon mitbekommen. Eines Tages war sie zusammen mit Felix dort aufgetaucht und hatte ihm die Farm überschrieben, während Orin das graue, reparaturbedürftige Stadthaus bekam. Drei Tage später war Mom tot gewesen, eindeutig eines natürlichen Todes gestorben, und es war vorhersehbar gewesen. Ihr Gehirn hatte bereits gelitten, sie brachte alles durcheinander, erkannte Menschen nicht mehr und verwechselte Gegenstände. Nur wenn Orin ihr die Medikamente gab, hatte sie ab und zu einen lichten Moment. Einen solchen lichten Moment musste sie am letzten Tag gehabt haben, als sie zu ihm sagte: „Wir müssen nochmal zum Notar. Ich glaube, es stimmt etwas nicht."

Er fragte nicht weiter, hielt es für eines ihrer Hirngespinste.

Dann starb sie.

Wieder schloss er die Augen. Er sah sich am Weidezaun entlanglaufen, hinter dem Shirleys Stute zu grasen pflegte. Das Pferd beobachtete ihn für einen Moment, dann ging es weiter seiner Beschäftigung nach. Gleich würde Felix' Silhouette sich vor der Tür abzeichnen.

Nanu, Orin? Wie kommst du hierher?

Mit dem Nachtflieger, würde er antworten und langsam sein Messer hervorziehen. Nancy würde indes hinter Felix' Schultern hervorblicken wie eine vorwitzige Maus, und sie würde er sich als zweites vornehmen. Dann würde die kleine Shirley die Treppe runterkommen und rufen: „Was ist denn hier los?", mit der gleichen Stimme, die sie immer hatte, wenn sie beim Spielen eine herrische Frau zu verkörpern suchte.

Er brach seinen Gedankenstrom ab. Er hatte Durst. Er wollte sich an der Tankstelle ein paar Dosen Bier kaufen.

Als er ankam, mit trockenem Mund und gieriger Kehle, sah er, dass in der Tankstelle kein Licht brannte. „Ihr Fotzen!" schrie er. „Ihr verdammten Drecksfotzen mit eurem Scheißweihnachten." Er trat gegen die Glastür. Zweimal. Dreimal. Jeder andere hätte sich den Fuß gebrochen, aber er hatte als kleiner Junge mal Fußball gespielt, und seine Zehen hielten das aus. „Ihr dreckigen verdammten Huren!"

Ein Mann trat aus einem der Häuser auf der Straßenseite gegenüber. „Geht's auch leiser?"

Orin stürzte auf ihn zu und schlug ihm zweimal mit der Faust ins Gesicht. „Wer hat dich nach deiner Meinung gefragt, du Wichser?" Er drängte den Mann an eine Häuserwand und prügelte planlos auf ihn ein. Der Mann versuchte, sich zu wehren, konnte aber nur einen einzigen Schlag landen, dicht unterhalb von Orins Stirn. Nach einer Weile lag er röchelnd am Boden. Dann stand er auf und humpelte zurück in sein Haus. Du hast noch Glück gehabt, dachte Orin, denn heute wird es Tote geben. Aufgeschlitzte Bäuche. Dann trat er weiter gegen die Glastür, immer und immer wieder.

Zachary war völlig außer Atem, als er endlich vor Onkel Bobs Haus stand. Alles dunkel. Nur ein kleines Windrad aus Plastik drehte sich hektisch im Winterwind. Er läutete, obwohl er wusste, dass niemand öffnen würde. Er wartete, obwohl er wusste, dass er ewig so warten müsste. Die Wahrheit war schlicht, aber lähmend: Onkel Bob war nicht zu Hause, sondern wohl zu einem seiner vielen Verwandten gefahren, die über das ganze Land verstreut lebten. Bei dem Gedanken, dass er nun den langen, anstrengenden Weg zurück nach Hause laufen musste, strömten Tränen über Zacharys Gesicht. Die erste davon, die er sich mit den Fingern wegwischte, war kalt wie Eis.

Die nächste Träne musste er erst in seiner Hand zergehen lassen – es war eine Schneeflocke, es hatte zu schneien begonnen. Kleiner, fieser, stachliger Schnee; die Schneekristalle zielten auf sein Gesicht wie Wurfsterne; er hatte Angst, dass sie vielleicht seine Augen verletzten.

Eine Rettung gab es vielleicht noch. Dort hinten, nur eine Seitenstraße entfernt, war die große rote Tankstelle, die hatte oft auch an Feiertagen geöffnet. Vielleicht konnten sie ihm dort helfen.

Er hustete und hatte Seitenstechen, als er die Kreuzung überquerte, vorbei an geschlossenen Kneipen und dampfenden Kanaldeckeln. Schon von weitem sah er, dass es sinnlos war, überhaupt weiterzugehen. Die rote Tankstelle war heute nicht rot, sondern schwarz. Nur eine trübe Notbeleuchtung hinter der großen Glasscheibe brannte. *Mist*, dachte er, während erneut ein Schwall von Tränen in ihm hochstieg. *Jetzt weiß ich wirklich nicht mehr, wie es weitergehen soll.*

Er wollte gerade umkehren, als er den Knall hörte. Es klang wie ein Schuss in der Nacht. Er hob die Hand über die Augen, um Ausschau zu halten. Ein Mann rannte dort, nahm Anlauf, dann knallte es ein zweites Mal, als er mit seinen schweren Schuhen gegen die Glastür trat. Er brüllte etwas, das Zachary nicht verstand. Er dachte daran, wegzurennen, doch der Mann hatte ihn bereits gesehen.

Die Faust des Mannes blutete, und auch in seinem Gesicht war Blut. Was zum Teufel war das für ein blutiger Mann, und wieso brüllte er so? Zachary zitterte, als er auf ihn zukam und ihn mit irren Augen musterte. Er wäre gern losgerannt, aber der Mann sah sportlich aus, so als könne er laufen wie der Teufel, und Zachary blieb zitternd vor ihm stehen. Das Licht der Straßenlampen erleuchtete ein Gesicht, das nass und klebrig aussah.

„Sind Sie der Tankstellenbesitzer?“ fragte Zachary; es war ihm wirklich nichts Besseres eingefallen.

„Ich bin der Tod“, fauchte der Mann ihn an. „Der hässliche, gemeine Tod. Mach, dass du wegkommst.“

Zachary versuchte, in seinem Gesicht zu lesen. Seine Augen waren wie tödliche Blitze, aber seine Lippen sahen weich aus.

„Sie sind doch gar nicht hässlich“, sagte Zachary. „Falls ich irgendwann so aussehen sollte wie sie, werde ich auf jeden Fall ganz zufrieden sein.“

„Du sollst abhauen. Es ist Weihnachten. Wartet deine Mutter nicht auf dich? Und wieso hältst du mich für den beschissenen Besitzer von diesem Saftladen?“

Zachary senkte den Kopf. „Ich wollte auch da rein und dachte, Sie hätten vielleicht gerade zugemacht.“ Dann brach es aus ihm heraus, und er erzählte dem Mann die ganze Geschichte: Warum er hier war, warum er so verzweifelt war, wo er gerade herkam. „Ich weiß wirklich nicht, was mit Mom passiert ist.“

Der Mann sah aus, als interessiere ihn das alles gar nicht. „Hast du ein Taschentuch? Damit ich mir das verdammte Blut aus dem Gesicht wischen kann?“

Zachary hatte immer Taschentücher einstecken. Der Mann tupfte sich die Stirn, dann hielt er die Hand gegen das Licht. Der kleine Scheißer aus der Nachbarschaft hatte ihn an der Braue erwischt: ein klassischer Cut, aber nicht besonders tief.

„Würde es Ihnen was ausmachen, mal nachzusehen, was mit Mom los ist? Vielleicht braucht sie Hilfe. Und ich weiß ja nicht, wen ich sonst fragen soll.“

Ein Cut. Dreckskerl, dachte Orin, ich hätte ihm den Kiefer zertrümmern sollen. „Wo wohnst du?“

„Kommen Sie einfach mit. Es ist ein ziemliches Stück Weg.“

Da er nicht wusste, wovon er reden sollte, während sie nebeneinander herliefen, erzählte er die Geschichte mit seiner Mutter einfach noch einmal, diesmal mit mehr Dramatik. Nach und nach funkelten die Lichter der Stadt wieder vor ihnen auf. Orin sah ihn nicht an, er reagierte auch sonst nicht. Einmal, in einer Seitengasse, nahm er Anlauf und trat mit voller Wucht ein Kellerfenster ein. Zachary tat, als fände er das ganz normal.

Er griff nach dem Arm des Fremden, der sich hart und stark anfühlte. Vielleicht hasst er das ja, dachte Zachary. Aber Orin schien es nicht einmal zu merken.

„Ich habe nicht viel Zeit“, sagte er. „Ich muss noch mit dem Taxi zum Flughafen.“

„Zum Flughafen? Mitten in der Nacht? Leben Sie nicht hier in der Stadt?“

Orin lachte missmutig durch die Nase. Sie liefen am Schaufenster eines Süßwarengeschäfts vorbei. *Suchen Sie nicht länger nach Ihrem Weihnachtsengel,* stand auf einem der Werbeplakate hinter den Auslagen, *vielleicht ist er längst bei Ihnen.*

„Das ist eine ganz andere Frage. Man lebt nicht immer dort, wo man zu Hause ist. Manchmal lebt dort jemand anderes, der da eigentlich gar nicht leben sollte. Dann wartet zu Hause niemand auf dich: keine Frau, kein Kind, kein Hund. Dann ist Zuhause ein einsamer Ort."

Zachary nickte; irgendwie ergaben die Worte für ihn Sinn. Sie hatten das Haus jetzt erreicht, und er schloss für sich und dem fremden Mann die Tür auf. „Wenn mit Mom etwas Schlimmes passiert ist, wird es bei mir in diesem Jahr auch einsam sein."

Orin sah sofort, dass sie tot war. So hatte seine Mutter ihn auch angesehen, damals, an dem Tag, an dem sie starb: leer, ausdruckslos, aber zufrieden darüber, all das hinter sich gebracht zu haben – all den Schmerz und die Widerwärtigkeit der Menschen. Wie sollte er Zachary erklären, dass auch seine Mom nie wieder neben ihm sitzen und lächeln würde?

Er hätte ihm gern von Gott und den Engeln erzählt, aber daran glaubte er selbst nicht, und kleine Kinder merken so etwas. „Sie wird noch ein Weilchen schlafen", sagte er. „Wenn ich mein Taxi rufe, werde ich jemanden kommen lassen, der solange bei dir wacht. Und du musst mir versprechen, nicht so viel zu weinen."

Zachary sah ihn fragend an. „Heißt das ... ich sehe sie vielleicht nie wieder?"

Orin rieb sich an seiner Wunde, die nur zögerlich zu bluten aufhörte. „Du siehst sie mit Sicherheit irgendwann wieder. Früher oder später." Die weit geöffneten Augen der Frau machten ihn nervös und ruhelos. „Komm, gehen wir ins Wohnzimmer. Hast du was zu trinken im Haus?"

Zachary nickte. „Coca-Cola? Oder lieber Orangensaft?"

Orin schüttelte grinsend den Kopf. „Coca-Cola."

Als Zachary mit der Coke zurückkam, trug er mit beiden Händen ein großes Paket, in rotem Geschenkpapier mit einem Gespann von Comic-Rentieren. „Santa hat es am gleichen Ort versteckt wie jedes Jahr. In Moms Kleiderschrank. Sieh mal, da ist Rudolph." Er deutete auf das Rentier mit der roten Nase.

Orin knackte seine Dose. „Jetzt mach es nicht so spannend. Ich muss gleich los."

Santa hatte ihm ein kleines Blockhaus gebracht.

„Wow, eine Farm!" Zachary strahlte.

„Keine richtige", sagte Orin. „Nur so ein Häuschen. Aber nicht hässlich."

„Egal, für mich ist es eine Farm. Sieh mal, man kann sogar die Fenster beleuchten. Und Spielfiguren sind auch dabei. Ein Mann, eine Frau, eine Katze ... und drei Kinder. Darf ich als Erstes damit spielen?"

„Ist ja deines."

„Ja, aber deines auch. Es ist unsere Farm. Wir haben sie schließlich zusammen ausgepackt."

„Aber nur weil Santa dafür sorgte, dass wir uns begegnet sind."

Zachary kratzte sich am Kopf, während seine Finger zärtlich über das Dach des Blockhauses strichen.

„Wo er und seine Rentiere jetzt wohl sind?" fragte er. „Ich hätte ihnen so gern Dankeschön gesagt."

Orin öffnete das Fenster, und die eisige Nachtluft, die hereinkam, erinnerte ihn an ihre Odyssee durch die Stadt. Aus einem der Nachbarhäuser drang der Geruch von Truthahn und Orangen. Die Stadt vor den Hügeln funkelte wie ein gigantischer Rummelplatz. „Sie sind sicher irgendwo da oben. Vielleicht schon auf dem Weg in die nächste Stadt."

„Bist du sicher?" Zachary verankerte seine Farm zwischen seinen und Orins Knien. Beide hockten jetzt auf dem Boden. „Komm, wir spielen was. Ich bin das Pferd, und du musst Angst vor mir haben. Dann gibst du mir einen Zuckerwürfel und hast keine Angst mehr. Dann kommen zwei Schutzmänner – da nehmen wir zwei Kinderfiguren – und bauen uns eine Scheune. Und dann ..."

Orin nahm einen großen Schluck von seiner Cola und stellte sich vor, es wäre Wodka.

Das Spiel begann. „Und jetzt kommt ein Fuchs, der der Bäuerin den Schinken stiehlt", murmelte Zachary. „Der Bauer will ihn erschlagen, aber die Bäuerin hat Mitleid mit dem Fuchs. Und jetzt spielen wir, dass ein Sturm kommt und ihnen das Dach wegbläst. Aber der Fuchs lässt sie zum Dank in seiner Höhle schlafen. Und jetzt ..."

Orin nahm eine der Spielfiguren in die Hand und stellte sie wieder hin. „Ein Fuchs? Ich sehe keinen Fuchs."

„Der Fuchs bist du. Und jetzt ..."

„Kleinen Moment noch", sagte Orin. „Ich muss mal kurz ans Fenster."

Er starrte in den Himmel. Ein paar matte Sterne leuchteten auf und verschwanden, als wüssten sie, dass es heute sinnlos war, zu scheinen. Vom Schnee war nur eine dünne Schicht liegengeblieben, gerade genug, um ein wenig Weihnachtsatmosphäre übrig zu lassen. Die Äste einer großen Tanne kratzten, vom Wind bewegt, über das Dach. Er wollte das Fenster gerade wieder schließen, als ein kleines rotes Licht am Himmel aufflackerte, in kurzen Intervallen blinkte und langsam gen Westen schwamm.

„Ich glaube, da sind sie", sagte er. „Santa und Rudolph und all die anderen."

Zachary sprang auf. Während er hinausblickte, presste er sich fest an Orins Seite: ein magerer und kalter Körper, in dem ein kleines Herz hektisch schlug. „Wow, tatsächlich. Guck mal, das dicke rote Licht. Ist das *seine* Nase?"

Orin starrte weiter hinaus in die Nacht.

Natürlich war es *nicht* die Nase von Rudolph dem Rentier, die da vor ihnen am Himmel auf- und abblinkte.

Es waren die Lichter der Nachtmaschine nach Montana, die über die geschmückte Stadt flog und am samtgelben Horizont verschwand.

Die sich ans Licht wagen

Zu einer spiritistischen Sitzung – oder sagen wir, einem Abend, an dem ein paar Kumpels und ich uns nach einem heißen Badetag zu einer Runde Gläserrücken entschlossen hatten – brachte eins der Mädchen ihren jüngeren Bruder mit. Logan war erst sechzehn, wir anderen schon zwei bis drei Jahre älter: ein kleiner Macho mit kurzgeschorenen Haaren, der Lauteste von allen; doch als das Glas vor uns sich dann wirklich bewegte, wurde er schlagartig still und zitterte sogar. Ich saß direkt neben ihm.

Abgesehen von beim Gläserrücken so verbreiteten Worten wie *Ahhicxuzdh* oder *Xyfuewasxo* gab das Glas natürlich keinerlei Auskunft. Ich fand die Sache schnell langweilig; einige andere aber begannen sich den Kopf zu zerbrechen, bis nach zahllosen Nonsens-Worten irgendwann das Wort „Loni" kam. Loni, so raunte man, heiße eine Irre, die manchmal nachts durchs Dorf schleiche. Als dann auch noch – nicht Punkt zwölf, aber nahe dran – eine Fabriksirene in der Ortschaft heulte, geriet die Sitzung außer Kontrolle.

„Wir dürfen die Geister nicht herausfordern", sagte einer der Jungs und räumte das Glas weg. Die anderen begannen nervös im Zimmer auf- und abzuhopsen. Nur Logan blieb neben mir sitzen. Sein Atem ging rasch wie der einer Maus.

„Nun mach dir nicht ins Hemd", sagte ich. „Ich hab ein bisschen Ahnung von solchen Sachen. Mit Geistern hat das nichts zu tun. Und falls sich doch ein Geist hier rein verirren sollte, werden du und ich schon dafür sorgen, dass er sich nicht lange wohlfühlt."

Er sah mich an, fragte sich anscheinend, wie ernst er das nehmen durfte. Ich gab ihm einen Klaps auf den Arm, der sich kalt anfühlte wie Tiefkühlfleisch.

„Warum zum Henker hat sich dieses Glas bewegt?“ murmelte er. „Ich hab jedenfalls nicht geschoben.“

„Keiner hat geschoben. Wenn man schiebt, klappt überhaupt nichts. Ich denke, es ist einfach so ein Phänomen wie bei der Schwebenden Jungfrau. Niemand kann es erklären, aber aus irgendeinem Grund funktioniert es. Und in zwanzig Jahren kriegt einer den Nobelpreis, weil er es herausgefunden hat. Wenn bei den Urmenschen die Sonne unterging, beteten sie auch regelmäßig, sie möge am nächsten Morgen wieder aufgehen. Dabei wäre es anders gar nicht möglich gewesen. Du machst dir zu viele Gedanken.“

Er blickte nervös um sich, wo die Gespräche noch immer in vollem Gange waren und sich inzwischen sehr subjektiven Wahrnehmungen während des Gläserrückens zugewandt hatten, bei denen jeder sich um die spektakulärste Schilderung bemühte.

„Können wir uns draußen unterhalten?“ fragte er. „Ich hätte ein paar Fragen, die keinen hier was angehen.“

Es war eine brühwarme Sommernacht. Die Sterne wie brennende Kerzen. Irgendwo blökte Vieh.

„Wovor hast du solche Angst? Vor Loni?“

Er grinste erst, dann runzelte er die Stirn. „Na ja, wenn sie jetzt hier lang käme, würde ich wahrscheinlich ‘ne ziemliche Gänsehaut bekommen. Aber eigentlich habe ich keine Angst vor der Loni, sondern vor meiner Großmutter. Die hieß Leni, was ja ganz ähnlich klingt, und ist seit drei Jahren unter der Erde, und zum Schluss hatte sie sich total verändert. Sie war böse geworden. Früher war sie eine liebe alte Frau gewesen, echt nett und verständnisvoll, aber ein Jahr vor ihrem Tod fing sie an ... hm, die anderen sagten, zu spinnen, aber ich hab das Gefühl, es war etwas Dunkleres, Gehässigeres. Sie lachte nicht mehr. Ich hab sie in den Monaten vor ihrem Tod kein einziges Mal lachen sehen. Nicht mal lächeln. Und das Schlimmste: Sie war auf einmal gegen mich. Ich hatte immer versucht, ihr zu helfen und gut zu ihr zu sein, auch wenn alle anderen auf ihr herumhackten, aber plötzlich war sie zu mir am biestigsten. Sie sagte, ich würde ihr Sachen stehlen, und einmal behauptete sie sogar, ich sei nachts in ihr Zimmer gekommen und hätte versucht, sie mit dem Kissen zu ersticken. Nichts davon stimmte. Ich mochte sie doch."

Mir war nicht entgangen, dass sich in seinem Kopf gerade ein schlimmes Drama abspielte. Seiner Stimme war nichts anzumerken, aber seine Augen ersoffen regelrecht.

„Weißt du, was das Schlimmste ist? Dass sie vermutlich echt glaubte, ich hätte es getan. Und mich wirklich für ihren Feind hielt. Und dass ich sie bis zu ihrem Tode nicht vom Gegenteil überzeugen konnte. Sie ging ins Grab und glaubte, ich würde sie hassen. Damit bin ich bis heute nicht klargekommen."

Ich dachte darüber nach und stellte es mir ziemlich hart vor. Ich sah, wie sein Schatten im Mond sich die Augen rieb. So saßen wir da und schwiegen unter den Sternen und rauchten.

„Woran ist sie gestorben?", fragte ich schließlich.

„An einem Gehirntumor."

„Na, das ist doch die Erklärung. Wenn jemand einen Hirntumor hat, kann sein ganzes Wesen sich verändern. Er ist nicht mehr derselbe. So gesehen war es gar nicht deine Großmutter, die dich da beschimpft hat, sondern eine wildfremde Person."

Ich spürte, dass es ihn nicht tröstete. Es hätte auch mich nicht getröstet. Irgendetwas fehlte.

„Das mag ja alles stimmen", sagte er. „Oder auch nicht. Eigentlich war sie keine fremde Person geworden. Sie sprach noch wie früher, hatte die gleichen Gewohnheiten, strickte noch immer gern, auch wenn mit jedem Tag ein Stück mehr von all dem verloren ging. Ich kann nicht sagen, am Montag, dem zwanzigsten, war sie noch meine Großmutter, und am Dienstag, dem einundzwanzigsten, nicht mehr. Ich meine, wo liegt die Grenze? Man sagt auch, Vampire seien nicht mehr die Menschen, die sie zu Lebzeiten waren, deshalb solle man keine Gewissensbisse haben, ihnen den Pfahl ins Herz zu rammen. Aber das ist nicht so einfach. Sie sehen noch aus wie früher, sie schauen dich noch an wie früher, ihre Stimme, die Bewegungen, alles ist noch das gleiche. Da steckt einfach zu viel Vertrautes drin."

Ich starrte auf meine brennende Zigarette. In zwei Häusern gingen kurz nacheinander die Lichter aus, als wollte die Dorfbevölkerung uns daran erinnern, wie spät es war.

„Und was hat das mit dem Gläserrücken zu tun?"

„Na ja, Loni und Leni", sagte er. „Kapierst du das nicht? Vielleicht war es nur so was wie ein ... hm, Schreibfehler. Sie hat jedenfalls gesagt, sie kommt wieder. Kurz vor ihrem Tod sagte sie es. Dass sie mir keine Ruhe lassen würde. Dass sie nachts in meinen Träumen herumspuken und mich aus dem Schlaf reißen würde. Und alles, was ich esse, solle bitter schmecken. Wie Galle. Mein Kakao, mein Brot, alles. Und dass ich nie wieder glücklich sein würde im Leben, das hat sie auch gesagt." Jetzt schüttelte er sich, sein gebeugter Nacken zeichnete sich im Mondlicht ab wie der einer Katze. „Nie wieder glücklich. Nie. Wieder. Glücklich. Geht so etwas? Ich meine, du hast gesagt, du kennst dich ein wenig aus. Funktioniert so etwas, dass die Toten dein Leben ruinieren können? Und dich heimsuchen, wenn du am wenigsten darauf gefasst bist?"

Ich musste selbst erst nachdenken. „War sie je in deinen Träumen?"

Er schüttelte den Kopf. „Nein. Aber manchmal habe ich das Gefühl, sie wartet nur. Um eines Tages, wenn ich nicht mehr damit rechne, zur großen Attacke überzugehen. Das klingt bescheuert, ich weiß. Aber vorhin, als das Glas sich plötzlich bewegte und *Loni* schrieb, dachte ich, das kann nur sie sein. Jetzt präsentiert sie mir die Quittung. Glaubst du an ein Leben nach dem Tod?"

Ja, ich glaubte daran. Damals noch mehr als heute. Aber jetzt musste ich tricksen. Und so tun, als gebe es nichts Absurderes. Wie der Schüler eines Debattierkurses schlüpfte ich in die Rolle eines imaginären Gegners.

„Es ist völliger Quatsch", sagte ich.

„Dass die Toten weiterleben?"

„Na, klar. Stell dir mal vor, die meisten Leute sind siebzig oder achtzig Jahre alt, wenn sie sterben. Laufen demnach im Jenseits lauter Siebzig- und Achtzigjährige herum, bis auf die paar, die ganz jung gestorben sind? Eine riesige Versammlung von lauter Greisen? Kann ich mir nicht vorstellen. Gut, gehen wir mal davon aus, sie werden alle wieder jung. Du stirbst also eines Tages und triffst deine Großmutter dort als zwanzigjähriges Mädchen wieder. Du würdest sie nicht mal erkennen. Das wäre sie gar nicht, die dir da gegenüber stünde. Und wie alt wärst du? Auch zwanzig? Warum gerade zwanzig? Warum nicht sechzehn, so wie jetzt? Oder dreißig? Vierzig? Gäbe es da eine Richtschnur? Wäre 'ne ziemlich alberne Richtschnur, denn egal wie ihr aussehen würdet, ihr könntet ja im Jenseits nicht altern. Wärt immer zwanzig, immer dreißig oder weiß der Kuckuck wie alt. Was Absurderes kann ich mir nicht vorstellen."

Mann, das klang ja richtig logisch.

Wir waren aufgestanden, um uns ein wenig die Beine zu vertreten. Zwischen den Bäumen am Dorfanger spionierte der Mond herum. Aus einem Wirtshaus drang das Geschrei von Zechern.

„In der Bibel heißt es, die Auferstehung sei nur geistig", sagte Logan.

Ich winkte ab. „Das ist ja noch absurder", sagte ich. „Was soll das überhaupt sein, eine geistige Auferstehung? Wabert da nur lauter Nebel herum? Jeder eine Nebelschwade für sich? Geist ist ja angeblich unsichtbar. Also wäre da gar nichts zu sehen im Jenseits. Nur Öde und Leere. Lauter ätherische Wesen, die durchs Nichts schweben. Wer weiß, vielleicht schweben ja hier gerade lauter Geistwesen herum, und wir sehen sie nur nicht. Vielleicht belauschen sie jedes Wort, das wir miteinander sprechen. Irrsinnige Vorstellung."

Er grinste und schüttelte den Kopf. Am Weiher bespritzten wir uns mit Wasser. Dann zogen wir die Schuhe aus, krempelten unsere Jeans hoch und wateten am seichten Ufer entlang. Ich war noch immer stolz auf meine Argumentationstaktik. Es hing jetzt kein Pendel mehr an unseren Worten; alles, was wir sagten, war leicht wie die kleinen Wellen, die wir beim Laufen erzeugten.

„Und wie sieht's mit dem aus, was die Inder lehren? Ich meine, Wiedergeburt und so?"

„Braucht dich nicht zu kümmern. Wenn's denn so etwas gibt, dann ist deine Großmutter jetzt vielleicht ein kleines Baby in Neu-Delhi, das sich an dich und den ganzen Spuk nicht mehr erinnert. Im Übrigen halte ich das für sehr unwahrscheinlich. Du wirst als jemand wiedergeboren, der keinerlei Erinnerungen an die jetzige Existenz hat. Aber sind wir was anderes als die Summe unserer Erinnerungen? Ich meine, wenn du in deiner nächsten Existenz in punkto Erinnerung völlig blank bist, was verbindet dich dann noch mit der Person, die du jetzt bist? Ihr habt körperlich nichts gemeinsam, ihr habt von euren Gedächtnisdatenbanken her nichts gemeinsam – wo ist der Berührpunkt? Im Charakter? Ist Charakter etwas anderes als Erbgut und das, was du daraus machst? Kannst du von völlig fremden Menschen – deinen künftigen Eltern – genau das Erbgut mit auf den Weg bekommen, das dich der Person, als die du im vorigen Leben gestorben bist, ähnlich macht? Ich bezweifle es. Vergiss die Sache mit der Reinkarnation. Die Menschen haben sich eine Menge ausgedacht, um die Ungerechtigkeiten des Schicksals zu erklären."

Es klang, als hätte ich tatsächlich Ahnung, und während ich noch dozierte, tollten wir bereits im Wasser herum, tauchten uns unter, schnappten nach Luft und lachten um die Wette. Ein Lied mit tausend Strophen, das wir unbeirrt weitersangen, während unsere Stirn sich längst am Himmel stieß.

Wir kehrten in jener Nacht nicht mehr zu den anderen zurück; ich hatte Angst, Logans frisch verheilte Wunden könnten wieder aufbrechen. Wir liefen auf einem Feldweg zurück in die Stadt, und seine Finger jagten einen Nachtfalter, der sich auf unseren Weg verirrt hatte. Als er ihn erwischte, ließ er ihn wieder fliegen wie einen winzigen Drachen.

„Na, los schon, Alter. Du hast noch dein ganzes Leben vor dir."

Er sah zu mir herüber. „Wenn sie sieht, dass ich heute Nacht glücklich bin", sagte er. „ob sie dann endlich Ruhe gibt? Weil sie dann merkt, dass es Dinge gibt, die stärker sind als ihr Zauber?"

Ich atmete ungeduldig ein. „Sag mal, hast du mir überhaupt zugehört? Da ist niemand. Da ist kein Zauber."

Er schien auch jetzt nicht zuzuhören. „Nur diese eine Nacht", hörte ich ihn sagen. „Sieh mal, vielleicht ist ja ausgerechnet das da oben mein Glücksstern."

„Dann hast du leider Pech gehabt." Ich grinste und tat, als würde ich ihn mit dem Finger vom Himmel schnippen.

In den Wochen, die folgten, kamen meine Gedanken nicht zur Ruhe.

Nur zum Schein hatte ich gegen ein Leben nach dem Tode argumentiert – und mich von meinen eigenen Argumenten überzeugen lassen. Der Gedanke, es werde irgendwo eine große Wiedersehensfeier geben, erschien mir auf einmal selbst absurd.

Wenn es aber keine Toten gab, die Kontakt zu uns aufnehmen konnten, wie erklärte sich dann das Phänomen mit den

Gläsern? Ich spielte es zu Hause allein durch. An einem geleimten Holztisch, ohne Nägel und Schrauben, ganz nach Vorschrift. Und siehe da: Selbst wenn ich als einziger den Finger auf dem umgestülpten Glas ruhen ließ, begann es sich nach einiger Zeit zu bewegen. Von wegen also Kreis, der geschlossen werden musste. Es ging auch ohne. War nun ein Geist in meinem Zimmer oder hatte ich es mit einem physikalischen Phänomen zu tun?

Ich bin nie dahintergekommen. Aber eine Theorie habe ich mir gebildet: Es ist einem lebenden Organismus so gut wie unmöglich, völlig regungslos zu bleiben. Je länger man sich um Regungslosigkeit bemüht, in umso heftigerem Maße entstehen kleine Muskelzuckungen, elektrische Impulse unter der Haut. So wie weit entfernte Gegenstände, die man fixiert, sich nach kurzer Zeit zu bewegen scheinen. Es ist nur ein Flattern des Augapfels. Wenn nun Leute an ihrem medialen Tisch sitzen, ist da immer irgendeiner, bei dem es zuerst zuckt. Viel schneller als er es absichtlich je hinkriegen würde. Die anderen Hände reagieren nur – und gehen einfach mit.

Aber vielleicht liege ich mit meiner Erklärung ja falsch.

Logan sah ich jedenfalls nicht wieder. Und bin mir bis heute nicht sicher, ob er seine Großmutter und ihre Rachegelüste an jenem Abend wirklich zur Strecke gebracht hat. Oder ob sie irgendwann spät in der Nacht zurückkehrten, tief in seine Träume, um ihn zu quälen, oder ob andere Dinge es waren, die in seinem Leben plötzlich alles bitter schmecken ließen.

Er schnitt sich mit neunzehn die Pulsadern durch.

Lady in Black

And it's whispered that soon, if we all call the tune,
then the Piper will lead us to reason.
Page/Plant

Falls jemand mir die letzte christliche Macke ausgetrieben hat, dann Astrid.

Die PS-Braut nannte man sie hier im Ort, weil sie ein schweres Motorrad fuhr, das oft spät nach Mitternacht noch durch die Straßen brummte; für mich war sie einfach die *Lady in Black*, wegen ihrer schwarzen Lederklamotten, und weil ich den Uriah-Heep-Song so geil fand.

Wie und wo ich sie kennengelernt hatte, spielt keine Rolle – jedenfalls, ich war fünfzehn und hatte mich soeben in meinen Banknachbarn Moritz verliebt, dem Star der örtlichen Fußballjugend, und nach ein paar lauschigen Nächten auf dem Dorfanger erfahren, dass seine verwitwete Mutter während ihres Österreich-Urlaubs ebenfalls ihr Herz verloren hatte, und dass die Familie plane, geschlossen nach Wien umzusiedeln, was mich wie ein Faustschlag traf und an einem stillen Sonntag in die Kirche trieb, wo ich eine Opferkerze anzündete, um es zur Abwechslung mal wieder mit der Heiligen Jungfrau zu versuchen.

Viel Hoffnung hatte ich nicht. Die Heilige Jungfrau war ein Leben lang keusch geblieben und kapierte wahrscheinlich nicht, welche Last es für einen Jungen, der einen anderen Jungen liebte, bedeutete, sich seiner beiden Hände bedienen zu müssen, die seit meiner Beziehung zu Moritz einer großen Verpflichtung ledig geworden waren.

Doch die Heilige Jungfrau war zumindest weiblich; und vor Mädchen, das wusste ich inzwischen, fiel es mir leichter, mein Herz auszuschütten als vor Jungs. Gott, an den ich damals sporadisch glaubte, wenn auch nicht in seiner Jesus-Inkarnation, war ein *Mann* – also ein erwachsen gewordener Junge und somit für meine Lamentos ungeeignet. Doch es kam, wie ich erwartet hatte: Meine Kerze brannte und brannte, und an Moritz' Umzugsplänen änderte sich nichts.

Nun hatte ich es amtlich: Maria mochte keine Jungs, die es miteinander trieben, und hatte auch keine Lust, ihnen zur Seite zu stehen. Es musste eine andere Frau her, älter und erfahrener zwar als ich, aber idealerweise weder jungfräulich noch heilig. Mit diesem Wunsch im Herzen ging ich jede Nacht schlafen, und eines Tages, als ich Astrid schon zwei Wochen lang kannte und Moritz bereits seine Koffer gepackt hatte, sagte sie nach einem Streit zu mir: „Wir müssen uns wieder vertragen. Ich bin doch deine beste Freundin."

Da wurde mir das zum ersten Mal bewusst.

„Zieh eine Tarotkarte", sagt sie, während ihre Hände mit den schwarzlackierten Fingernägeln das Kartendeck fast vollständig umschließen. „Und schummle möglichst nicht."

Ich zog den Tod. Was mich keineswegs überraschte. Seit Moritz' Umzugsplänen war mein Leben trostlos und Sterben durchaus zu einer Option geworden.

„Du darfst die Karte nicht missverstehen." Sie kaute auf ihren Lippen, als müsse sie jedes Wort mit großer Sorgfalt wählen. „Sie bedeutet ganz bestimmt nicht *deinen* Tod."

„Den von Moritz etwa?" fragte ich, was zumindest eine Art ausgleichender Gerechtigkeit gewesen wäre. Da wir auf einer Bank in der Bahnhofswartehalle saßen, vergewisserte ich mich mit misstrauischen Blicken, dass niemand unsere Tarot-Session belauschte.

„Red keinen Schwachsinn. Die Karte bedeutet, dass etwas Neues in dein Leben kommen will. Aber du lässt es nicht rein, weil du immer noch am Alten hängst. Lass deine Vergangenheit sterben, dann machst du Platz für das Neue."

Ich schüttelte den Kopf. „Weißt du was? Antje hat, als ihre Großmutter im Krankenhaus lag, auch den Tarot befragt. Und sie hat auch den Tod gezogen. Daraufhin lebte ihre Großmutter noch exakt zwei Tage. Du willst mich nur einlullen."

„Okay. Wetten wir um ein Sixpack Bier, dass du nicht stirbst?"

Ich schlug ein. Bier spielte in Astrids Welt eine wichtige Rolle. In meiner inzwischen auch. Seit ich sie kannte, verbrachte ich viele Nachmittage in der Bahnhofshalle, und manchmal kamen zwei oder drei ihrer Kumpels mit einem Sixpack vorbei. Am Anfang wollten sie mir nichts abgeben und ignorierten mich einfach. Dann schien Astrid ein Machtwort gesprochen zu haben. Und ich schlürfte immer häufiger mal eine Dose leer.

Klar, ihre Kumpels waren in ihrem Alter, achtzehn oder neunzehn. Die kapierten nicht, was sie mit einem Knirps wie mir anfangen sollte. Und meine Freunde und meine Familie kapierten es auch nicht. Ich war mir nicht mal sicher, ob ich selbst es kapierte.

Gut. Welche Rolle verkörperte sie?

An einem Sommernachmittag, als es draußen regnete und ich bei ihr zu Besuch war, ging mir eine Art Licht auf. Wir lagen auf ihrem Bett, in voller Montur, und im Hintergrund lief Led Zeppelin wie ein endloses, heiliges Mantra.

„Jimmy Page ist ein Gott", sagte sie. „Ein Gott der Gitarre."

In mir regte sich Unbehagen. War es okay, einen Menschen als Gott zu bezeichnen? Auch wenn es nur ein Gott der Gitarre war, und der richtige Gott da oben vom Gitarrespielen vielleicht wirklich weniger Ahnung hatte als er?

„Mich hat Gott enttäuscht", sagte ich, und sie schien erst zu denken, ich redete von Jimmy Page. „Nein, ich meine den da oben." Unter dem silbernen Klunker, der kiloweise an ihrem Hals baumelte, befand sich auch ein Kreuz. Also musste sie ja irgendwie an Gott glauben.

„Du bist doch nicht etwa fromm?" Sie sah mich skeptisch an, und ich erklärte ihr, wann und warum ich manchmal betete. „Na ja, irgendwo hast du ja vielleicht recht", sagte sie. „Gestern, als wir durchs Maisfeld liefen, und du ganz kurz den Arm um mich legtest, und ich mir plötzlich wünschte, du wärst vier Jahre älter, da hab ich auch kurz an Gott geglaubt. An einen Maisgott oder so. Einen Gott, der das Maisfeld nur erschaffen hat, damit wir beide da durchlaufen und happy sein können. Kapierst du das?"

Es gefiel mir zumindest. So wie einem ein Gedicht oder ein cooler Songtext gefällt. Mir war schon seit langem klar, dass ich für Astrid mehr war als nur ein kleiner Junge, der ihr grad mal bis zur Schulter reichte. Wir hatten geknutscht, und manchmal hielten wir auch Händchen. Mehr wollte ich nicht. Jedenfalls nicht im Moment. Und wenn sie nun sagte, etwas Neues wolle in mein Leben kommen, das ich nicht zu mir einlassen würde, meinte sie vielleicht sich.

„Das war aber nicht Jimmy Page, der das Maisfeld gemacht hat", sagte ich. „Das war ein ganz anderer Gott."

Sie runzelte die Stirn, als sei sie sich da nicht so sicher. „Ist eigentlich scheißegal, ob es Jimmy war oder Krishna oder sonst irgendwer. Wichtig ist, dass wir da gestern durchgelatscht sind."

Wir schwiegen eine Weile und dachten nach, zumindest ich. Dann sagte ich:

„Ich will nichts Neues in meinem Leben. Ich will das alte behalten, und das ist Moritz. Und weil Moritz ein Junge ist, hat es mit meinen Gebeten nicht geklappt. Der katholische Gott und seine Familie hätte sich nur erweichen lassen, wenn es um ein Mädchen gegangen wäre wie sonst immer."

Sie grinste mich an, und ihrem pechschwarzen Haar, in dem eine funkelnde Totenkopfbrosche saß, entstieg die übliche Mischung aus Parfüm und Pall Mall. „Du willst mich nur prüfen, stimmt's? Weil du denkst, ich bin hinter dir her. Aber täusch dich nicht. Ich finde dich nur nett. Und hab das Gefühl, wenn man jemandem begegnet, hat es irgendwo einen Sinn."

„Glaubst *du* an Gott?" fragte ich sie ein anderes Mal. Eigentlich hatte sie mir die Frage längst beantwortet, aber durch mein langes Warten war der Eindruck entstanden, es stecke mehr dahinter, das sich nur leider nicht komplizierter ausdrücken ließ.

„Weshalb sollte ich mir das Leben schwermachen?"

„Okay. Wieso trägst du dann ein Kreuz?"

Sie lachte, als hätte ich sie bei einer Peinlichkeit ertappt.

„Mit Jesus", sagte sie, wobei sie den Namen so hässlich klingen ließ wie Hitler oder Goebbels, „hat es jedenfalls nichts zu tun. Das Kreuz bedeutet für mich einfach: Vereinigung von Gegensätzen. Oben und unten. Hell und dunkel. Tag und Nacht. Das ist die alte Bedeutung des Kreuzes; die Christen haben sie bloß verfälscht. Damit jeder sofort an ihren auferstandenen Heiland denkt, wenn er ein Kreuz sieht. Ich bekreuzige mich sogar manchmal. Aber nicht, weil ich an Jesus glaube, sondern um zwei Gegensätze zu vereinigen: Das Hier und das Nicht-Hier. Um Kontakt mit dem Nicht-Hier aufzunehmen."

„Aber das Nicht-Hier – *ist* das nicht Gott?"

„Das Nicht-Hier ist viel mehr als Gott", sagte sie. „Gott, so wie ihn die Leute sich vorstellen, ist nur ein Polizist. Aber wenn du Gott seine Polizeiuniform ausziehst, die du ihm zuvor selbst angezogen hast, dann bleibt vielleicht ein Licht übrig oder eine Kraft, oder eben das Kreuz der Vereinigung von Hier und Nicht-Hier. Das ist ein völlig anderer Gott. Den man auch völlig anders nennen kann. Er ist deine Berechtigungskarte, um am großen Drehbuch mitzuarbeiten. Ich nenne ihn *The Dark Lord* – den dunklen Herrn. Kapierst du, was ich meine?"

Die Platte war zu Ende, und unsere Stimmen klangen jetzt nackt und misstönig. Gott lag im Sterben. Als wollte sie ihm eine letzte Chance geben, stand Astrid auf und drehte die Platte um.

„Wieso hat er dich eigentlich enttäuscht? Gott, meine ich."

Ich erzählte von dem seelischen Kater, den ich hatte, seitdem ich von Moritz' Umzugsplänen wusste. Normalerweise konnte man so etwas einer Frau, die vielleicht auf einen stand, nicht anvertrauen. Aber Astrid verfügte über ein globales Weltverständnis und schien so was wie Eifersucht nicht zu kennen.

„Versuch's nochmal", sagte sie, als ich mit meinen Ausführungen fertig war.

„Wie? Nochmal eine Kerze? Nochmal Maria?"

„Es hängt von dir ab. Von Maria hängt es jedenfalls nicht ab. Es hängt von dem Bild ab, das du dir von Maria machst. Stell dir einfach vor, sie wäre 'ne Puffmutter in 'nem Homo-Etablissement. Du kommst und willst zu Moritz aufs Zimmer. Da reibt die Madam sich doch die Hände. Du brauchst auch gar nicht in die Kirche, du kannst auch einen Knoten in ein Gänseblümchen machen und es dann in den Fluss werfen und ihm nachsehen und ein bisschen Vorfreude empfinden. Wichtig ist nur, dass du dich von dem gestrengen Polizisten lossagst. Der steht dir nur im Weg. Schau dich um: Diese ganzen missmutigen Typen, die sind nur deshalb so unglücklich, weil sie an einen kosmischen Bullen glauben. Einen überdimensionalen Schupo."

Gott wand sich in Todesqualen. Röchelte. Verendete. Erhob sich wie ein Phönix aus der Asche und wurde zum gigantischen Spiegelbild meiner selbst am Nachthimmel. Die Gänseblümchen-Methode erschien mir reizvoll, aber ich versuchte es trotzdem nochmal mit einer Kerze. Die ich nicht in der Kirche anzündete, sondern nachts in meinem verdunkelten Zimmer, während *Stairway to Heaven* lief und Räucherstäbchen brannten. Und wieder wartete ich und ging meinem Leben nach, und wieder kam kein Anruf von Moritz, der mir sagte, alles nur Spaß, ätsch, ich bleibe. Was hatte ich diesmal falsch gemacht?

Das Wichtigste war mir ja inzwischen klar: dass Gott immer der Gott ist, den du aus ihm machst. Einen humorlosen Spießer kannst du nicht so mir nichts dir nichts um deinen Traumprinzen bitten. Aber der neue Gott war mit meinen Wünschen völlig einverstanden. Der neue Gott war wie ich selbst. Astrid hatte mir zu einem echten Quantensprung verholfen, und trotzdem erwies die Schicksalsmasse sich als zäh wie Leder. Es geschah sogar etwas, das die Sache noch erschwerte: Moritz begann, mir aus dem Weg zu gehen. Anstatt die letzten Tage mit mir auszukosten, rief er kein einziges Mal an, als wären Jungenfreundschaften nur ein bunter Luftballon, der in unserem Fall längst geplatzt war oder zumindest verschrumpelt an der Zimmerdecke hing.

Für meinen Schmerz hatte ich ein gutes Betäubungsmittel, denn Astrid holte mich jeden Tag nach der Schule mit ihrem Motorrad ab, und wir kurvten durch die Stadt, zwei nicht sehr vertrauenerweckende Zeitgenossen, die Phantasie ihrer Feinde beflügelnd, deren Verwünschungen ich im Nacken spürte und abprallen ließ.

Und es kam, wie es kommen musste: In einer Regennacht stellten wir uns zusammen im Keller des Postamts unter, wo die ganzen Schließfächer waren und man rund um die Uhr seine

Briefe abholen konnte. Wir hofften nur, es würde niemand kommen, als sie mir den Hosenschlitz öffnete. Aber es war schon weit nach Mitternacht und kein Mensch mehr unterwegs. Der Wind drückte an die Tür, als hätte er auch gern mitgemacht. Als wir die Treppe wieder hochgingen und hinaus auf die Straße traten, war es bitterkalt geworden. Zu kalt, um sich auf diese Nacht was einzubilden. Der Sommer hatte nur fünf Minuten lang gedauert.

Im darauffolgenden November las ich in der Zeitung die Meldung von einer Neunzehnjährigen, die sich mit ihrem Motorrad in einen Milchlaster verbohrt hatte und zwei Kilometer weit auf der Autobahn mitgeschleift worden war, bevor sie ihre Leiche wie eine zermalmte Fliege vom Anhänger schabten. Na gut, ich hab die Pointe verpatzt: Euch ist klar, dass ich von Astrid rede, und ich habe keine Lust, meinen Zusammenbruch und meine Tränen großartig zu schildern.

Sie war tot, krepiert auf der gottverfluchten Autobahn, wo alle in die gleiche Richtung fahren, einem Ziel entgegen, das bestimmt nicht *ihr* Ziel war. Auf der Trauerfeier dachte ich ständig daran, dass in ihrem Sarg wahrscheinlich nur ein wundgescheuerter Menschenstumpf lag. Die Rolle des Witwers stand mir nicht zu. Erst mal mussten ihre Eltern und ihr Bruder Aljoscha getröstet werden, den ich an jenem Tag zum ersten Mal sah: Er war ungefähr so alt wie ich, ein zorniger Typ, wütend auf das Leben und den Milchlaster und die kosmischen Drahtzieher. Auf seiner Lederjacke prangte ein Button mit der Aufschrift *Jimmy is God*, und als ich ihm mein Beileid aussprach, war es fast, als reichte ich einer Astrid-Reinkarnation die Hand. Beim

Leichenschmaus saß er zwei Tische von mir entfernt, schwieg und trank Cola. Er strahlte so viel Zorn und Würde aus, dass ich nicht wagte, ihn noch einmal anzusprechen.

Ich machte mir in der Folgezeit eine Menge Gedanken über das Leben und den Tod. Zumal nach Astrids Unfall sich ein paar seltsame Dinge ereigneten, die zwar nicht meine Angst, wohl aber mein Interesse weckten. Beginnen wir von vorn. An Schultagen hatte ich mit ihr ausgemacht, frühmorgens kurz bei mir anzurufen, falls ich mich bis halb acht nicht gemeldet hatte, denn meine Mutter war dann schon im Büro, und ich neigte dazu, den Wecker zu überhören. Das hatte stets einwandfrei geklappt. Jetzt war sie tot, doch etwa zehn Tage nach ihrer Beerdigung, als ich wieder einmal fast verschlief, klingelte Punkt halb acht Uhr das Telefon. Ich sprang aus dem Bett, ging ran und hörte nichts. Das Seltsame: Ich *wusste*, dass jemand am anderen Ende der Leitung war. Die Verbindung war nicht tot. Da war eine *Gegenwart*. Ich zog mich an und ging zur Schule.

Zwei Wochen später zerstörten Vandalen Astrids Grab, rissen die Blumen aus der Erde und zerkratzten mit Messern die Marmorplatte, auf der ihr Name stand. Die beiden Typen wurden gefasst, verhört und wieder freigelassen. Zwei Monate später jedoch rasten genau jene Typen mit einem Auto in die Münchberger Senke, überschlugen sich zweimal, prallten an einen Baum und wachten nie wieder auf.

Seitdem hatte ich immer das Gefühl, sie wäre *da*. Irgendwo zwischen den Zeilen. Vor allem, wenn jemand ihren Namen aussprach. Oder wenn ich irgendwo vorbeikam, wo wir früher oft gewesen waren. Einem Plattenladen. Einer Kneipe. Einem Maisfeld. Und manchmal wurde einfach nur der Wind lauter und spielte was von Jimmy Page. *Wenn ich mal tot bin, wichs auf mein Grab*, hatte sie während unserer Nacht im Postkeller gesagt. Aber das tat ich nie.

Ob ich an ein Leben nach dem Tod glaube? Offen gestanden, ich fände es riesig. Irgendwann den Abflug zu machen und mich in einer Welt wiederzufinden, die bevölkert ist von den Gestalten meiner Kindheit. Aber man sollte sich darüber nicht zu sehr den Kopf zerbrechen. Du trägst die Spuren deiner Kämpfe immer auf der Haut, und du trägst sie in deiner Seele mit dir rum, und es ist besser, ein einziges starkes Leben zu führen als an der Schwelle des Todes zu erkennen, dass du dir ein Leben lang nur Illusionen gemacht hast. Es wird dein letzter, quälender Gedanke sein, ehe der Vorhang fällt.

Woher also kam „Astrids" Anruf wirklich? Und wer richtete die Typen, die ihr Grab geschändet hatten? Eine Art Schemen, vermute ich – oder zwei unterschiedliche, ein hilfsbereiter und ein rachsüchtiger Schemen. Den (hilfsbereiten) Anruf-Schemen hatte ich selbst erschaffen: eine Energieform, die so handelte wie meine Projektion es wollte. Und die Grabschänder, so schätze ich, hatten sich ebenfalls ihren Schemen erschaffen – spätestens am Morgen danach, als von ihrem Rausch nur noch eine eklige Morgenfahne übrig war und die alten Schauermärchen von rächenden Geistern und Untoten aus ihrem Unterbewusstsein hochstiegen. Dann kam die Angst. Und die Angst war Beifahrer an jenem Tag der Sühne, griff dem Fahrer ins Lenkrad, als die Überlebenschancen gleich null waren, und löste sich zusammen mit dem Bewusstsein der Passagiere auf, als ihre Köpfe, begleitet vom Jubel der Natur, an den Wagenfenstern zerschellten.

Auf Astrids Tod folgte ein langer Winter, und die Tage wurden trüber und schwerer. Bis im Februar Moritz zu Besuch kam und mich zu seiner Geburtstagsparty einlud. An die Feier selbst erinnere ich mich nicht; nur, dass ein Mädchen da war, das ich nicht kannte und deren Dialekt ich zweifelsfrei als Österreichisch identifizierte. Er hatte eine Freundin.

„Erst stirbst du mir weg“, sagte ich, als wir irgendwann vor der Toilettentür zusammenstießen. „Dann stirbt Astrid. Und jetzt stirbt auch noch die Hoffnung. Bin ich verdammt noch mal Gevatter Tod, dass alles stirbt, was sich in meine Nähe wagt?“

„Ich bin doch gar nicht gestorben“, sagte er so ernst, als wolle er mich nur veräppeln. „Marlies findet dich übrigens ganz witzig. Wir reisen morgen ab. Wenn du willst, kannst du uns zum Bahnhof begleiten.“

„Nö.“ War ich bescheuert? Am nächsten Tag verschwand Moritz, und die Einsamkeit grub sich wieder in meine Nächte wie ein Wurm.

Bei jener letzten Begegnung – wir sahen uns tatsächlich nie wieder – dachte ich an Astrid und den Soundtrack meiner Kindheit, die nun endgültig zu Ende ging. Leider hatte ich die Led-Zeppelin-Songs nur auf Kassette, wovon die eine eierte und die andere sich immer wieder an der gleichen Stelle im Laufwerk verhedderte. Was zum Teufel war eigentlich aus Astrids Platten geworden? Hatte man sie ihr mit ins Grab gelegt? Hörten nächtliche Friedhofsgänger, wenn sie an ihrem Grab vorbei kamen, manchmal Robert Plant, wie er *Going to California* sang? Der Button fiel mir wieder ein. *Jimmy is God.*

„Hi", sagte Aljoscha. Er hatte wohl kaum damit gerechnet, dass ich irgendwann vor seiner Tür stehen würde, doch er ließ mich einfach rein. Als gelte es zu respektieren, dass ich irgendwie, wenn auch über tausend Ecken, zur Familie gehörte.

Mit seinen zusammengewachsenen Augenbrauen und dem Tattoo auf dem kleinen Finger wirkte er noch finsterer als seine Schwester. Er bewegte sich lautlos und geschmeidig wie ein junger Luchs, den man nicht über die Maßen reizen sollte.

Ich erklärte, weshalb ich hier war. Er brachte mir die Platten und ließ mich einen Wisch unterschreiben. Klar, Astrids Sachen waren heilig. Dann fiel uns beiden nichts mehr ein.

„Gut, ich gehe mal wieder", sagte ich.

Er zögerte. „Willst du ein paar Fotos sehen?"

Es waren Aufnahmen von Astrid, in ein schwarzes Album geklebt, die mir dabei halfen, sie in meinem Kopf wieder ein wenig zurechtzurücken: vom weiblichen Dämon zum Menschen, vom Rätsel zum süßen Girl. Astrid als Dreijährige, naiv lächelnd, Astrid mit der Schultüte („Die wollte sie nicht mehr aus der Hand geben, hat dabei sogar nach unserem Vater getreten."), Astrid im Teenageralter, mit Zigarette und Karottenjeans, Astrid mit Pentagramm und schwarzem Lidschatten („Da war sie sechzehn, da fing alles an."), Astrid ihren Bruder für die Kamera küssend („War 'ne Scheißangelegenheit!"), Astrid kurz vor ihrem

Tod, seltsam blass, seltsam ernst. Und Astrid mit mir. Ein Partyfoto, das ich längst vergessen hatte. Zwei für eine makabre Filmszene zurechtretuschierte Leichen.

„Irgendwie wusste sie, dass sie sterben würde. Sie hat in ihren letzten Wochen dauernd davon geredet. Und ließ sich von tausend Ärzten untersuchen. Nur kurz vor ihrem Tod war sie plötzlich wieder fröhlich und sagte: Du, ich werde gar nicht sterben. Ich vermute, in mein Leben will nur was Neues kommen, das ich bis jetzt nicht hereingelassen habe. Kurz darauf hatte sie diesen Unfall."

Plötzlich heulte Aljoscha. Und mir fiel nichts Besseres ein, als ihn in den Arm zu nehmen. Sein Körper war warm und duftete nach einer Mischung aus Schweiß und Zimt. Er nahm den Zettel, auf den er die ausgeliehenen Platten notiert hatte, und zerknüllte ihn. „Behalt sie", sagte er. „Ich schenke sie dir."

Ich blieb lange an jenem Nachmittag. Sehr lange.

„Vielleicht sehen wir uns ja mal wieder", sagte Aljoscha, als er mich hinausbegleitete. Es war erst sieben Uhr, doch am Abendhimmel zeichnete sich bereits ein fetter Mond ab.

„Ja, vielleicht. Und wann?"

„Weiß ich doch nicht." Er starrte auf seine Füße. „Vielleicht zufällig, auf der Straße, in der Disco, im Kaufhaus. Hier, nimm das mit."

Er drückte mir das Foto von Astrid und mir in die Hand.

„Und denk ab und zu an sie."

Ich grinste und starrte hinauf zum Mond. „Meinst du, sie kann uns sehen?"

„Keine Ahnung. Ich denke jede Nacht über sie nach. Ich hab von ihr geträumt. Sie hat mir ganze Romane erzählt im Traum."

„Hat sie was von mir gesagt?"

„Nö. Sie hat mir erzählt, wie's da oben ist. Und welche Gesetze dort gelten."

„Sie ist da *oben*?"

„Klar, was denkst du denn? Es gibt gar kein Unten. Sagt sie jedenfalls. Vielleicht ist ja oben unten und unten oben, was weiß ich. Also, bis irgendwann. Ich bin übrigens donnerstags immer im *Manhattan*."

Ich lief heim, starrte abwechselnd auf das Foto und in die Sterne, und als ich an einem bonbongrünen Graffiti vorbeikam – *Joey, du bist sooo süß! Deine Tina* – und eine alte Frau mir zulächelte, als wolle sie nur wegen mir noch einmal jung sein, und mitten in der Stadt eine Nachtigall die vierte Strophe von *Stairway to Heaven* sang, kletterte ich auf einen Baum, erzählte mir selbst einen Witz und kapierte, dass Kerzen, die eine ganze Welt erhellen sollen, einfach etwas länger brennen müssen.

Tastee, der Eisverkäufer

Just a Nightmare ...

Zwei neue Gesichter tauchten in jenem Jahr in Orangeville auf: Das eine war lang und schmächtig und hatte traurige Augen, und wer es sehen wollte, musste zu Hadleys Pferdeweide gehen, die sich am Stadtrand über zwei Hügel mit Butterblumen und Klee erstreckte und wo man in klaren Nächten bis nach New York sehen konnte.

Das war Sam, der Kartoffelgaul.

Sam wurde so genannt, weil er Farmer Cuskeens Wagen begleitete, der jeden Abend mit frisch vom Feld geernteten Kartoffeln durch die Stadt zog und auf seinem Weg eine Menge rotbackiger Äpfel an uns Kinder verschenkte. Sam, so hieß es, könne nicht mehr arbeiten, er sei dem Gewicht des Karrens nicht mehr gewachsen, deshalb gestattete man ihm, einfach nebenher zu laufen und ab und zu eine angestoßene Kartoffel zu verspeisen. Natürlich hatte sich längst herumgesprochen, was mit Sam wirklich passiert war.

Das andere neue Gesicht in unserem Städtchen war Tastee, der Eisverkäufer.

Wenn es Sommer wird in Orangeville, sind die Tage heiß und staubig, und da die Milchbar am Rodney Square in jenem Jahr wegen Geschäftsübergabe geschlossen blieb, bekam man in der ganzen Stadt nicht eine einzige Kelle Eiskrem. Da kam Tastee natürlich wie gerufen. Eines Tages schlug er einfach seinen Wagen mit der rotweiß gestreiften Markise gegenüber unserem

Haus auf, lief mit seinem bunten Frack, seiner albernen Mütze und seiner roten Clownsnase die Straße auf und ab, ließ ein Glöckchen bimmeln und rief mit heiserer Stimme „Eiskrem, Kinder, kauft Eiskrem! Vanille, Walnuss und Kirsch! Kommt und kauft! Der Sommer wird noch lang. Eiskrem, liebe Kinder!"

Das erste Kind, das sich mit einer Geldbörse in der Hand vor Tastees Wagen zeigte, war Aria Schuler, die seit einem Jahr mit mir in dieselbe Klasse ging und mit ihren Locken und ihrem dezent aufgetragenen Make-up bei weitem nicht mehr so brav aussah wie noch im letzten Sommer. Ihre Mutter, die angeblich seherisch veranlagt war und für die Dorfgemeinschaft die Karten legte, passte das gar nicht in den Kram. Aria stand also da, zückte den Geldbeutel und stellte sich vor Tastees Ladentheke, während hinter ihr weitere Kids aus der Nachbarschaft eintrudelten. Sie nahm ihre Portion in Empfang, zahlte, dann sah ich sie weitergehen, das Eis begutachten, es drehen und wenden, einen letzten Blick darauf werfen, um es schließlich mit Schwung in den Rinnstein zu schleudern, wo es in drei mintgrünen Rinnsalen zu warmer Milch zerfloss. Dann fing Aria an zu rennen. Ich vermute, sie rannte auf dem schnellsten Weg nach Hause.

„Seltsam", sagte ich zu meiner Mutter, die das Geschehen, neben mir im Garten sitzend, ebenfalls beobachtet hatte. „Irgendetwas scheint mit dem Eis nicht zu stimmen."

Sie schob mich sanft zur Seite und rückte den Sonnenschirm näher; dabei prustete und stöhnte sie, als wäre es nur die Hitze, die ihr zu schaffen machte.

„Das Eis?", fragte sie. „Ich glaube, mit dem Eis ist alles in Ordnung."

Am Abend kurz nach neun Uhr machte Tastee seinen Stand dicht. Auf der Straße wurde es still, die Abendhitze hing in der Luft wie Rauch nach einem Feuerwerk. Meine Mutter stellte die Klimaanlage höher und spülte ein paar Teller.

„Wolltest du dir nicht einen Ferienjob suchen?", fragte sie.

„Ich wollte mit Farmer Cuskeen sprechen. In der Mall haben sie erzählt, er sucht jemand für sein Pferd."

Meine Mutter runzelte die Stirn und hörte für einen Moment auf zu spülen. „Für Sam? Aber du kennst dich doch mit Pferden überhaupt nicht aus."

Das stimmte. Wenn ich ehrlich war, hatte ich sogar ein wenig Angst vor ihnen. Ich mochte Hunde und Katzen und alle möglichen Tiere, aber Pferde waren mir einfach eine Nummer zu groß. Andererseits würde ich diese Angst wohl nie loswerden, wenn ich nicht irgendwann dazu gezwungen war, mich mit einem Pferd zu beschäftigen.

„Beißt Sam?", fragte ich. Meine Mutter lachte und schüttelte den Kopf. Sie hatte Sams Vorbesitzer gekannt, einen gewissen Abner Grunthal, der im Nachbarort wohnte, und sogar eine Zeit lang eine Liaison mit ihm gehabt. Dann war Abner plötzlich verschwunden, und sein Pferd schleppte sich, schwer misshandelt, auf Farmer Cuskeens Grundstück. Sam war ausgepeitscht worden und hatte am ganzen Körper Entzündungen und Fleischwunden, und zuerst verdächtigten alle Leute in der Stadt Abner selbst: Er war ein streitsüchtiger Mann, der auch meine Mutter nicht gut behandelt hatte, doch zwei Nächte nach dem Vorfall mit Sam wurde er selbst bewusstlos in seinem Wohnzimmer aufgefunden, grün und blau geschlagen, konnte jedoch bisher keine Aussage machen, da es hieß, er habe seitdem einen ziemlichen Dachschaden. Ich war fest davon überzeugt, dass er den schon immer gehabt hatte.

„Ich glaube, das ist nicht der richtige Job für dich." Mom machte ihr Sam-Anekdoten-Gesicht, mit dem sie lustige Schwänke über Abners Pferd einzuleiten pflegte, als draußen auf der Straße – Sie wissen ja, wenn man den Teufel ruft – das panische Gewieher eines Pferds erklang. Das Echo klang schauerlich, und durchs Fenster sah ich Bauer Cuskeen und Sam, der sich wie wild gebärdete, mit den Vorderhufen den Kartoffelwagen erklomm und die Mähne und den Schweif in rasender Angst hin- und herwarf. Himmel, was war da los?

Wir wollten gerade das Fenster aufmachen und Cuskeen nach dem Rechten fragen, als wir sahen, wie sich hinter dem Körper des Tiers auf dem Gehsteig die Silhouette von Tastee, dem Eisverkäufer abzeichnete.

„Du dummes Tier", schimpfte Cuskeen. „Das ist doch nur sein Kostüm. Davor muss man nicht erschrecken." Doch Sam beruhigte sich erst, als Tastee weiterlief, kopfschüttelnd und ohne sich umzublicken. Auf seiner Clownsnase spiegelte sich die Abendsonne, die sich wie falsches Gold aus dem Himmel ergoss und mich auf einmal blendete, bis ich nichts mehr sah.

„Na, Junge, wie gefällt dir mein kleines Paradies?"

Ich hatte gehofft, mich unbemerkt an dem Eiswagen vorbeistehlen zu können, in dem Tastee soeben damit beschäftigt war, seine Vormittagseinnahmen in kleine Papierrollen zu wickeln, doch ausgerechnet in diesem Moment begann der magere Köter der Greenspans einen Passanten anzukläffen, und Tastee sah hoch, mehr aus einem Impuls heraus als aus Neugier, und entdeckte mich.

„Du wunderst dich, dass ich es ein Paradies nenne?", sprach er weiter. „Aber glaub mir, in allen kleinen Städten, wo ich diesen Sommer war, heulten die Kinder Rotz zu Wasser, als ich wieder abreiste, und ich will, dass auch Orangeville da keine Ausnahme darstellt. Wie heißt du? Nein, halt, ich weiß es – Eisverkäufer wissen immer alles, du kennst das ja. Aber egal wie du heißt, ich glaube, ich nenne dich lieber Scotty. Als Abkürzung von Butterscotch. Eine Farbe wie die von deinem Haar habe ich bisher tatsächlich nur bei Karamellbonbons gesehen."

Scotty fand ich nicht schlecht; meine Mutter war der Meinung, ich hätte die Haarfarbe von meinem Vater, und die soll reines Karamell gewesen. Auf den paar Schwarzweißfotos, die wir von ihm besaßen, ließ sich das leider nicht erkennen.

„Was würdest du zu einer Portion Butterscotch-Eiskrem sagen? Mit extra dick Sahne drauf?"

Er wartete meine Antwort nicht ab, sondern füllte mit seiner goldenen Kelle eine große Waffel. Der Tag war so heiß, dass die Masse bereits am Schmelzen war, als er mir die Tüte reichte.

„Arbeit, Arbeit, Arbeit", stöhnte Tastee. „Und immer nur im verdammten Sommer, wenn man fast verschmachtet. Soll ich dir was sagen?" Er fasste mit seiner behandschuhten Hand über den Tresen und tippte mir auf die Nase. Ich zuckte zurück wie ein Kaninchen. „Was ich gebrauchen könnte, wäre ein fleißiger Helfer."

Ich versuchte, ihn mir genauer anzusehen. Von seinem Gesicht war wirklich nicht viel zu erkennen, da die große Clownsnase fast alles verbarg. Nur seine Augen starrten mich an. Sie sahen nicht so lustig aus wie das, was er sagte. Ich knabberte verlegen an meiner Waffel.

„Weißt du." Tastee zwinkerte mir zu. „Ich frage dich, weil ich als allwissender Eisverkäufer natürlich auch weiß, dass du einen Ferienjob suchst. Und weil ich weiß, dass die kleinen Mädels sich ihr Eis lieber bei einem netten Jungen kaufen als bei einem alten Sack wie mir. In Barnstable – da war ich zuletzt –hatte ich mir auch einen Jungen angeheuert. Er war ein wenig größer und kräftiger als du, aber ich kann dir gar nicht sagen, was für einen Umsatz ich damals bei den Mädels gemacht habe." Er musterte mich von oben bis unten. „Du lebst allein mit deiner Mutter?"

Ich nickte. „Wir wohnen mal hier, mal da. Wahrscheinlich sind wir nächsten Sommer schon wieder ganz woanders."

Er gähnte und wischte sich die Augen. „Kein Sitzfleisch, ihr beiden. Na, wer weiß, was nächsten Sommer ist. Keine Ahnung, ob ich wieder hier aufkreuze. Aber jetzt mal Tacheles, mein Junge: Willst du bei mir arbeiten oder nicht?"

Ich verabschiedete mich schon mal im Geiste vom alten Sam und freute mich darauf, meiner Mutter am Abend eine bessere Lösung unterbreiten zu können. Mein Blick fiel auf die dicken Lederhandschuhe, in denen Tastees Hände steckten.

„Muss ich dazu auch welche tragen?" fragte ich.

Er lachte und gab mir einen Klaps in den Nacken. „Meine Güte, nein. Diese Handschuhe haben mit meinem Job nichts zu tun. Ich trage sie ... nun, sagen wir, ich brauche sie aus anderen Gründen. Aber man kann nicht mit jedem über alles reden. Aber den weißen Kittel da hinten musst du anziehen. Ich glaube, er hat zufällig die richtige Größe für einen dreizehnjährigen Jungen."

Mein Job begann noch am gleichen Tag. „Der Sommer wird lang!“, rief ich aus Tastees Anhänger, aber nicht zu laut, da ich Angst hatte, die anderen Kids könnten sich über mich lustig machen. „Kauft Eis, Leute, kauft Eis! Ab sofort auch Butterscotch mit frischer Sahne!“

Wieder einmal war Aria die erste, die es hörte.

„Das gibt’s ja nicht!“ Sie schlug sich mit der Faust an die Stirn und stürzte auf mich zu. „Sag bloß, der Kerl hat dich angeheuert!“

Ich blickte zu Boden. „Immerhin darf ich bei ihm so viel Eis essen, wie ich will. Wenn du willst, schreib ich dir eine Portion auf meinen Namen. Aber du scheinst von Tastees Eis nicht so begeistert zu sein. Deine letzte Portion hast du jedenfalls einfach weggeworfen.“

Sie verdrehte die Augen, während ich ihr das Eis in die Hand drückte. „Dir entgeht aber auch nichts. Na ja, weißt du ... hast du dir Tastees Augen mal angesehen?“

„Man sieht sie ja kaum. Er blinzelt nur so halb hinter seiner Pappnase hervor.“

„Ja, und an dem Tag war sie verrutscht, und er hat’s nicht gemerkt. Und da hab ich seine Augen gesehen.“ Sie rieb sich die Arme, als wäre schon Herbst, und wir säßen am Lagerfeuer, und eine große, große Kälte kam. „Sie sind ... wie tot“, sagte sie. „Wie die Augen eines Toten. Ich kannte einen Mann, der hatte auch solche Augen. Aber das kam daher, dass er schon mal im Sarg gelegen hatte. Sie hatten ihn versehentlich lebendig begraben.“

Sie grub die Zähne in ihr Eis und sog eine winzige Portion in den Mund. Dann kaute sie, und ich wartete, und sie kaute weiter, dann lächelte sie. „Schmeckt gar nicht mal schlecht. Aber wenn *du* es mir gibst, ist mir das lieber. Ich will nichts in den Mund nehmen, was dieses ... Scheusal schon mal in der Hand hatte."

Als Tastee am Abend zurückkam, hatte ich an die hundert Portionen Eiskrem verkauft. Es dämmerte schon, ein kalkweißer Sichelmond hing in den Wolken wie eine Zwiebelscheibe, und auf der Straße gegenüber schloss gerade das Merrybody-Kino auf, das seit Jahren nur drittklassige Kung-Fu-Filme zeigte.

„Ein lauschiger Abend", sagte Tastee. Es war schon so dunkel, dass man die Glut seiner Zigarette sah, wie einen roten, verirrten Stern. „Wenn du willst, kannst du noch ein wenig bleiben. Ich muss dich ja noch ausbezahlen."

Er stellte zwei Klappstühle hinter dem Eiswagen auf und bedeutete mir, mich zu setzen. Auf der Wiese vor uns schnellten die ersten Nachtfalter aus den Gräsern, und in den Häusern gingen nach und nach die Lichter an. Tausend Grillen zirpten in den Bäumen.

„Deine Mutter ist eine schöne Frau", sagte er. „Hast du jüngere Geschwister?"

„Nur zwei ältere. Sie leben in ..."

„Sie ist wirklich eine sehr schöne Frau." Er nickte und starrte in die Baumkronen. „Wo habt ihr die letzten Jahre gelebt?"

„Ein Jahr in New York. Dann in Deutschland. In Orangeville hat Mom dann einen Job als Verkäuferin bekommen." Ich seufzte. „Eigentlich würde ich gern mal irgendwo bleiben. Dann aber auch wieder nicht, weil es nirgendwo ..."

„Du hast den Fernweh-Blues", sagte Tastee. „Manche haben ihn von einem Elternteil geerbt. Erzähl mir von deinem Vater."

Ich zuckte zusammen. „Oh, ich weiß nichts von ihm. Mein Vater ist tot."

„Hat deine Mutter dir nie von ihm erzählt?"

„Nicht viel. Ich habe in meinem Leben nicht mehr als zehn Sätze mit ihm gewechselt. Er war ein Fremder für mich, ein Fremder auf der Straße. Wieso fragen Sie mich das?"

Tastees Atem ging schwer. Er beugte sich zu mir herüber und fegte mit der Hand eine dünne Staubspur von meiner Stuhllehne. „Du hast bestimmt mehr als zehn Sätze mit ihm gewechselt, mein Junge. Man erinnert sich so schlecht. Und ... nun ist er tot, sagst du?"

Ich nickte. „Es war ein Motorradunfall. Er ist immer gefahren wie ein Irrer. Und die meiste Zeit war er betrunken. Ich will nicht über meinen Vater reden."

Tastee nickte. „Das ist dein gutes Recht. Du hast aber sicher Fotos von ihm, damit du ihm nahe sein kannst, oder?"

Ich schüttelte den Kopf. „Meine Mutter hat ein paar."

Tastee stand auf, ging in den Wagen und kehrte mit zwei großen Tüten Kirscheis zurück, garniert mit Schokosirup und einem Klecks Mascarpone. Eine davon war für mich.

„Deine Mutter hat also Fotos." Er ließ sich auf seinen Stuhl plumpsen, und seine Augen schweiften durch die Sterne. Der Himmel sah aus, als feierten sie dort oben gerade Weihnachten.

„Hat sie auch Fotos, auf denen du und dein Vater gemeinsam zu sehen seid? Ich meine ...“

„Ich sage Ihnen doch, ich habe ihn so gut wie nie gesehen. Ich war das Kind einer ...“

Er grinste mich an, herausfordernd, beinahe warnend. „ ...einer Liebe? Das wolltest du doch sagen, oder?“

Ich drehte mich weg. „Vielleicht würde jeder andere es so nennen, aber meine Mutter hat es nie so genannt.“

Seine Mundwinkel verzogen sich nach unten, so dass er für einen Moment aussah wie ein wütender Pitbull. Seine Finger trommelten hektisch auf sein Kinn.

„Ist sie glücklich?“, löcherte er mich weiter. „Ist sie viel allein? Weint sie manchmal? Wenn es Männer gibt in ihrem Leben, sag mir ihre Namen. Dann werde ich, der allwissende Eisverkäufer, dafür sorgen, dass sie glücklich mit ihnen wird. Sie muss ihnen nur eine Chance geben, das ist wichtig. Es gibt Menschen, die bekommen nie eine Chance. Sie verpassen den richtigen Zeitpunkt. Und später ... viel später vielleicht sehen sie eine Gelegenheit, es wieder gutzumachen. Aber dann ist nichts mehr da, wonach sie greifen können. Und sie machen alles falsch, was man nur falsch machen kann. Sie wollen dir ein Geschenk machen, hinterlassen aber nur eine Spur der Zerstörung.“ Er reckte die Gliedmaßen und verschlang mit einem Bissen die Hälfte seiner Portion. „Frag deine Mutter nach den Männern. Frag sie nach deinem Vater. Und sag ihr nicht, dass wir darüber gesprochen haben. Ich will, dass sie in Frieden lebt. Ich will, dass sie immer, immer, immer in Frieden lebt.“

„Er ist verbrannt“, sagte Mom. „Bei dem Unfall ist er verbrannt. Er hatte kein Gesicht mehr. Nur noch seine Augen starrten mich an. Dann sagten sie mir, er habe gekämpft, es aber nicht geschafft. Es war wohl besser für diese Welt. Er war kein friedlicher Mensch.“

„Diese Fotos“, sagte ich. „Hast du sie zufällig noch?“

Sie stand auf, ging zur Kommode und begann zu wühlen. Nach einiger Zeit hielt sie ein paar Schwarzweißbilder in Händen, von den Jahren sepiagetönt, sich einrollend und dem Zerfall nahe.

„Gab es eigentlich ein Foto, auf dem wir beide drauf sind?“ Es sollte klingen, als wäre mir die Frage gerade erst eingefallen.

„Ich glaube schon. Aber es ist bei einem Umzug verloren gegangen. Hier, das war er. Wie der junge Eric Burdon, habe ich recht? Teufel noch mal, er war so gottverdammt jung, als er starb.“

Mein Vater und ich sahen uns gegenseitig ins Gesicht. Dann ging mein Atem schneller. Ich sah Lichter, eine schwere Maschine, sah Wetterleuchten in der Nacht, hörte Bremsen, wie sie kreischten und sägten und wühlten, dann spritzte Blut, dicke rote Brühe, und aus der Dunkelheit, die Tag und Traum trennt, blickte er mich an. Ich sah seine Augen, kalt und bitter, seine Hände, schwarz und versengt, und jemand weinte in der Dunkelheit, eine Frau, sie rang nach Luft. Ich nahm sie in den Arm, sagte Mom, er kommt nicht wieder, er kommt nie, nie wieder, dann wachte ich auf, lag in meinem Bett, und Mom sagte:

„Du hast wohl zu viel Süßes genascht.“

Am nächsten Morgen war Tastee verschwunden. Ich stand vor unserem Haus, spähte in alle Richtungen, in der Vermutung, er hätte vielleicht nur einen neuen Standort gewählt, doch in diesem Moment sah ich bereits Aria die Straße hochkommen. An ihrer Nasenspitze sah ich, dass sie wieder einmal mehr wusste als ich.

„Er ist bei Nacht und Nebel abgehauen. Mein Onkel ging rüber und fragte, ob er ihm zur Hand gehen könne, aber er schüttelte nur den Kopf und sagte, er solle abhauen. Ich glaube, er war ein schrecklicher Mann. Wer weiß, wo er als nächstes aufkreuzt?"

„Er wird nach Westen fahren", sagte ich. „Zuvor ist er in Barnstable gewesen."

„Hübsches Städtchen. Mein Vetter Bradley wohnt dort."

„Dann frag ihn gelegentlich, ob er Tastees Butterscotch-Sirup gekostet hat. Ist echt die Wucht. Aber schwer verdaulich."

Ein Wind kam auf und trug eine abgebrochene Eiswaffel mit sich, ließ sie ein paar Purzelbäume schlagen und dann in den Rinnstein stolpern. Es war fast tragisch.

„Ich wäre sowieso nicht lang bei ihm geblieben", sagte ich. „Er hat mich dauernd so merkwürdiges Zeug gefragt."

Als ich ein paar Stunden später mit meiner Mom zu Farmer Cuskeen kam, sahen wir Sam schon von weitem: Er graste auf einem Wiesenstück und bewegte sich wie in Zeitlupe. „Liegt wohl an der Abendsonne", sagte Mom.

„Manche sagen auch, Sam sei ..."

„Oh ja, er war sehr krank. Du musst schonend mit ihm umgehen. Er wird nie mehr der alte Sam von früher sein."

Farmer Cuskeen drückte mir zur Begrüßung die Hand. „Hier draußen wird das nichts. Du musst ihm schon gegenüberstehen, Junge.“ Er beugte sich zu mir hinaus und hob mich einfach über den Zaun.

„Bist mir ein rechtes Leichtgewicht. Ich hoffe, dass Sam dich respektiert.“

„Er mag Tiere“, sagte meine Mutter, und ich wunderte mich, dass Sam, wie ein Hund, auf Farmer Cuskeens Stimme hörte und, nachdem er seinen Namen gehört hatte, neugierig näherkam. Ich hatte zwei Zuckerstückchen eingesteckt, war mir aber im Zweifel, ob Pferde wirklich Zucker mochten oder ob das nicht nur eine dieser Legenden war.

„Na, komm schon, alter Bursche“, brummte Cuskeen gutmütig.

Das Pferd streckte den Kopf nach mir aus, und ich beschloss, mutig zu sein, hob die Hand und versuchte, Sams Nase zu streicheln. Doch etwas Merkwürdiges geschah: Er sah mich an, dann beschnüffelte er meine Finger und meine Schulter, wich zurück und wieherte. Seine Augen flackerten wie die eines Menschen in Panik; er schwang sich auf die Hinterhufe und stieß einen jämmerlichen Laut aus, ein heiseres Wiehern, als ängstliches Gegurgel endend.

„Du wirst dich doch nicht vor diesem Dreikäsehoch fürchten“, tadelte Cuskeen sein Tier, was mir gar nicht gefiel, denn so winzig war ich nun auch wieder nicht und mächtig stolz auf meine sportlichen Leistungen.

Aber in diesem Moment bekam ich es wirklich mit der Angst. Sam verlor völlig die Kontrolle, wie das von Blumenduft besoffene Einhorn aus den Cartoons, nur im Zeitraffer. Ich ging ein paar Schritte rückwärts, ohne ihn aus den Augen zu verlieren. Ich wusste, dass man zumindest wütenden Hunden nie den Rücken zukehren sollte.

„Das hat wenig Sinn“, sagte meine Mom.

Cuskeen nickte. „Befürchte ich auch. So richtig einander vertrauen werden die beiden nie.“ Als Sam meinen Geruch nicht mehr wahrnahm, beruhigte er sich, senkte den Kopf und riss mit den Zähnen hektisch ein paar Grasbüschel aus der Erde. Am Himmel zogen Wolken vorbei, weiß und wie flockende Milch. Aber die Luft roch noch immer nach unruhigen Zeiten.

Und so fuhren wir wieder nach Hause, Mom und ich. Während sie in ihrer Küche herumfuhrwerkte wie immer, während sie kochte und mir dabei erzählte, *was* sie kochte, während einfach alles war wie an jedem anderen Tag, wurde ich das Gefühl nicht los, sie wisse besser als jeder andere, was da geschehen war.

Es wurden keine weiteren Pferde in der Stadt massakriert. Der erste Regen fiel, und die Tage schrumpften wie Ballons nach einem langen Fest. Im darauffolgenden Winter verließen Mom und ich die Stadt, um für eine Zeit lang nach Illinois zu ziehen, wo ihr Bruder lebte und wo sie im Sommer einen Mann kennengelernt hatte. Aria weinte, als ich mit meinem Koffer vor der Tür stand; unsere Haare wehten im Wind, wehten und fanden sich im Schneetreiben nicht. Es war bitterkalt geworden.

„Wenn du das nächste Mal wiederkommst, sind wir beide vielleicht schon erwachsen“, sagte sie.

„Ich weiß überhaupt nicht, ob ich noch einmal hierherkomme. Es gibt Orte auf dieser Welt, die will man öfter sehen. Es gibt Orte, die muss man überhaupt nicht sehen. Und es gibt eine dritte Art von Orten, wohin es einen irgendwann mal verschlägt, aber nur dieses eine Mal. Städte, die einem irgendetwas sagen wollen oder so. Wenn sie es einem gesagt haben, muss man kein weiteres Mal dort hinfahren. Vielleicht war Orangeville ein solcher Ort für mich. Aber da draußen wartet eine mordsmäßig große Welt auf mich." Ich bohrte mit der Stiefelspitze ein Loch in den frisch gefallenen Schnee. „Und wer weiß schon so genau, wohin das Leben einen verschlägt?"

„Kannst du mir nicht helfen?" tönte Moms Stimme aus dem Haus. „Mein Koffer ist so schwer, als wären Wackersteine drin."

Ich musste kichern. „Was sind eigentlich Wackersteine?"

„Keine Ahnung. Als der Wolf aus seinem Schlaf erwachte, hatte er statt sieben Geißlein sieben Wackersteine im Bauch und ist wieder abgehauen. Pack jetzt mit an."

Der Koffer fühlte sich wirklich an wie mit Blei ausgestopft, und als wir ihn zu zweit die Treppe hinunterhievten, lockerten sich erst die Schnallen, dann sprangen auch noch die Schlösser auf, und ein vergilbter Zettel segelte heraus.

„Ein Rezept für Butterscotch Sirup?", fragte ich. Die Buchstaben auf dem Zettel waren groß und ungelenk, als hätte jemand sie geschrieben, der nie richtig schreiben gelernt hatte. Oder es ein zweites Mal lernen musste.

„Hat mir eine Frau aus der Nachbarschaft gegeben. Ich wollte dich damit überraschen. Stopf es wieder rein."

Wir fuhren mit dem Zug nach Niagara Falls, und von dort ging es weiter nach Jamestown und Allegheny. Mein Magen knurrte, ich war schlecht gelaunt und brauchte dringend etwas zu futtern. Nichts Süßes und nichts Kaltes, denn die ganze Gegend war starr vor Schnee, der Himmel voll rauchgrauer Fetzen. Am Bahnhof traten wir gerade auf die Plattform, als ich die tiefe, heisere Stimme eines Mannes hörte: „Hot Dogs, Kinder, kauft Hot Dogs. Lecker und nahrhaft! Kommt und holt euch eure Portion, der Winter dauert noch lang. Hot Dogs ... leckere Hot Dogs!"

... Leckere ... Hot Dogs ...

Ich spürte eine Schneeflocke auf meiner Nasenspitze, kalt und nass wie ein verunglückter Kuss. Als sie schmolz, war mir, als würde ich aus einer Art Traumzustand erwachen und jetzt erst bemerken, dass ich neben meiner Mutter herlief und längst nicht mehr vor dem Wagen stand, um zu staunen und zu starren.

„Da muss ein Hot-Dog-Verkäufer in der Nähe sein", sagte ich. „Ich hab ihn rufen hören. Kann ich mir was holen?"

Meine Mutter zog mich weiter. „Hier sind keine Hot-Dog-Verkäufer. Du hörst deinen Magen rebellieren. Schau dich doch um – siehst du irgendwo Hot Dogs?"

Von Aria bekam ich noch jahrelang jeden Winter eine Geburtstagskarte (auf die sie praktischerweise immer gleich noch „Frohe Weihnachten" schrieb). Sie hielt mich auf dem Laufenden über das Leben in Orangeville und erzählte von ihrem Vetter Bradley, der zu Thanksgiving mit seinen Eltern zu Besuch aus Barnstable gekommen sei. Sie habe ihn nach Tastee gefragt, der ja kurz zuvor dort gewesen sein wollte, aber Bradley sagte, in ihr Städtchen komme schon seit Jahren kein Eisverkäufer mehr, ich hätte da sicher etwas missverstanden.

Aria erzählte mir auch, was in der Schule so los war, sie berichtete mir von einer Mitschülerin, die Farmer Cuskeens Kartoffelgaul gekauft habe und ihn jetzt zu Hause in einem Stall pflegte, weil er inzwischen kaum mehr stehen konnte, und sie erzählte mir, dass sie seit vorigen Monat mit einem Jungen namens Marbles zusammen sei, den sie nach der Schule sicher heiraten werde. Über Tastee verlor sie kein weiteres Wort, außer dass er nie wieder in der Stadt gesehen wurde, weder im darauffolgenden Sommer noch ein Jahr später, weder in Orangeville noch in einem der umliegenden Städtchen, und mein Gott, ich wüsste wirklich nicht, weshalb sie hätte lügen sollen.

Des Mondes fette Beute

„Du hast zum Mond gefleht, deshalb hat das Schicksal dich hierhergeführt“, sagte die Frau hinter dem tanzenden Licht. Moneli konnte ihr Gesicht nicht erkennen, der Kerzenschein floss um sie wie Milch über schmutziges Glas, und die ganze Welt blies Trübsal. Eigentlich hatte sie in der Bude nur einen Glücksbringer kaufen wollen: eine der kleinen Kugeln aus Buntglas, oder ein künstliches Tierauge, ein Bündel Kräuter, ein Amulett. Doch wer Glücksbringer kauft, hatte die Frau hinter der Kerze gesagt, wolle in Wirklichkeit nur Glück kaufen – wozu also der Umweg?

„Wenn nur einer von ihnen so schön wäre wie Diego“, sagte Moneli. „Die Straßen sind ja voll mit jungen Männern.“ Ihre Augen streiften die Regale mit den Jaspissteinen und Lederbeuteln und Liebesknochen aus Salzteig, „Die Schönheit“, sagte sie, „versteckt sich gut.“

„Hast du dir den Mond schon mal genauer angesehen?“, sagte die Frauenstimme. „Er hat einen lächelnden Mund, und er hat Augen, also muss er auch eine Seele haben. Er sieht es, wenn du traurig bist oder eifersüchtig oder wütend. Er sieht auch, wenn dein Herz sich nach einem Mann sehnt und nach welchem Mann, weil dir all das ins Gesicht geschrieben steht. Aber sonst ist es mit seiner Seele nicht weit her: Er ist kühl und abweisend, und ohne die Sonne könnte er nicht mal leuchten. Sein Herz schlägt nur für seine eigenen Kinder – die Kinder des Mondes. Er wird etwas von dir zurückfordern.“

Der Mond war prall in jener Nacht, eine lebende Frucht inmitten steriler Lichtreklamen. Sie war aus der Bar gekommen, aber Diego war nicht dort gewesen. Auf den Straßen liefen noch viele Menschen umher. Sie hatte Passanten beobachtet, ihre Spiegelbilder in Schaufenstern studiert, immer den Mond im Nacken. Männer waren schön, wenn sie dicke Jacken trugen, in denen warme Körper steckten. Aber von denen will ich keinen, hatte sie dem Mond zugeflüstert, ich will Diego. Nur Diego. Schick ihn mir in der Nacht, schick ihn mir mit deinem Silber. Und alles um sie färbte sich silbern, auch der Schnee und das Schmelzwasser im Rinnstein.

„Diego gehört meinem Volk an“, sagte sie. „Mein Vater wollte nicht, dass ich auf einen der Chale hereinfalle – weil sie feige sind und wegrennen, wenn bloß der Wind durch die Blätter fegt. Aber Diego ist einer von uns, und das bedeutet, dass Gott uns die gleichen Erinnerungen in den Kopf geblasen hat, als er uns schuf.“

„Du wirst ihn bekommen, so wie man alles bekommt, was man sich vom Mond wünscht.“ Die Stimme der Frau war zu einem Flüstern geworden. „Ihr werdet Kinder haben. Aber dein Erstgeborenes wird der Mond von dir zurückfordern. Das wirst du nicht verhindern können, falls du nicht willst, dass er dir alles wieder nimmt.“ An dem Schatten, den ihr Körper an die Wand zeichnete, sah Moneli, dass sie nickte; es war ein kluger, wissender Schatten. „Der Mond nimmt ab und er nimmt zu, er ist mal groß und mal unsichtbar. Ich weiß nicht, was geschehen wird, wenn er das nächste Mal vom Himmel verschwindet.“

„Werde ich verflucht sein?“ Für einen Moment geriet ihr Herz aus dem Takt, sie spürte ihre Schläfen klopfen, dann lachte sie. „Der Mond kann mir nichts anhaben. Er ist nur Licht, nur ein aufgeblasener Ballon am Himmel. Denkst du, weil ich eine Sinteza bin, glaube ich jeden Unfug?“

„Ich habe dir alles gesagt, was du wissen musst.“ Die Frau stand auf, um Moneli zu verabschieden, und diesmal war es eine Kette von farbigen Glühbirnen, die ihr Gesicht verbarg. „Du wirst dich an mich erinnern. Jetzt geh hinaus. Der Schnee und die Kälte werden dir wehtun, aber Diego wartet schon auf dich.“

Kalte Schauer, die schmerzten wie Schläge, bliesen ihr ins Gesicht, als sie durch die neongrüne Stadt nach Hause lief. Ihr war kalt, doch sobald sie die Hände zu Fäusten ballte, riss die Haut an ihren Knöcheln und begann zu bluten. Die Straßen hatten sich geleert. Ab und zu sah sie aus Bierkellern angetrunkene Männer stolpern, die eine Zeit lang neben ihr herliefen und dann in einer der Seitengassen verschwanden.

Als die Lichter eines großen Bekleidungshauses ihre Blicke auf die andere Straßenseite lenkten, sah sie dort jemand laufen, auf gleicher Höhe mit ihr, im gleichen Tempo. Er ließ sie nicht aus den Augen, aber seine Blicke waren freundlich: ein Junge, vielleicht zwanzig, hell und groß und schlank. Wie alle von ihrem Volk war sie sich nicht zu schade, den ersten Schritt zu tun.

„Auch noch so ’nen weiten Weg wie ich?“

Er zögerte. Er überquerte die Straße, ohne sie anzusehen; seine Turnschuhe pflügten kleine Schneegestöber empor. „Ich gehe ...“ Er zögerte eine Weile, weil die kalte Luft ihm den Atem nahm. „... ins Kino. Aber das klingt jetzt so, als sollten Sie mich begleiten, oder?“

Sie lachte. „Es wäre schön.“

Das Kino befand sich in einer Seitengasse. Sie reihten sich unter den jungen Paaren ein, die am Kassenhäuschen standen, und traten von einem Bein aufs andere, um das Frösteln loszuwerden. Er trug enge Jeans, seine Beine waren lang und schön. Er steckte ihr das Ticket galant zwischen die Finger wie eine Blume. Sie wünschte sich, seine großen Hände, noch rot von der Kälte, würden Eisblumen für sie pflücken.

Während des Films vergrub sie die Nase in seinem Haar, das nach kühlen Lagerhallen und Zitronen duftete. Sie stellte sich vor, dass er in einem Früchteladen arbeitete, in dem es immerzu nach Süden roch. Erst jetzt, in der Dunkelheit, fiel ihr auf, wie bleich er wirklich war: sein Haar fast silbern, die Haut, als würde sie phosphoreszieren. Sie berührte ihn, als wolle sie prüfen, dass es ihn wirklich gab.

Es war ein Spionage-Thriller. Sie mochte solche Filme nicht, aber wenn das Leben dich anlacht, umgibt alle Dinge ein Zauber. Sie erinnerte sich später kaum an die Handlung, auch nicht an den heißen Kaffee, den sie in der Pause im Foyer schlürften; nur an die weiße Nacht und den langen Weg zurück, an sein Zimmer, und an seinen Samen, der sich in sie ergoss, kalt wie Metall.

Sie tanzte durch diesen Sommer, und als es Zeit wurde zum Atemholen, klopfte schon der Herbst an die Tore. Längst lebte sie mit Diego zusammen in einer Wohnung, die Ehe war glücklich, doch seitdem sie wusste, dass ihr Baby nicht mehr lange auf sich warten ließ, peinigte sie immer häufiger die Erinnerung an das, was die Souvenirhändlerin zu ihr gesagt hatte. An einem Tag im Altweibersommer, die Sonne schüttete noch einmal tüchtig Farben in den Tag, machte sie sich auf, um nach ihr zu suchen, doch ihre Bude war nicht mehr dort, wo sie sie in Erinnerung hatte, und die Leute, die sie fragte, wussten nichts oder sagten, sie habe über Nacht ihre Zelte abgebrochen. Eine der Frauen aus ihrer Sippe, denen sie manchmal begegnete, behauptete, sie könne sich genau erinnern, es sei am Tag der großen Mondfinsternis gewesen, unter einem Himmel, der die Farbe von Pomeranzensaft hatte. Moneli suchte auch in den umliegenden Straßen. Die Tochter eines Taschenspielers hatte ihr verraten, dass es manchmal, wenn man keine Konzession hatte, einfach reichte, in die nächste Straße umzuziehen. Doch auch dort war die Händlerin nicht zu finden, und im November setzten bei Moneli die Wehen ein, und Diego brachte sie ins Geburtshaus, denn bei den Sinti darf kein Kind zu Hause geboren werden.

„Ich bete für dich, dass du alles gut überstehst“, sagte Diego und legte ihr eine große Sonnenblume aufs Kissen.

Sie erwachte spät in der Nacht. Ein trübes Lämpchen brannte neben ihrem Bett wie ein Totenlicht. Die Sonnenblume roch, wie die letzten Tage im Sommer riechen.

Nach und nach erinnerte sie sich. Sie hatten ihr das Kind gezeigt. Sie hatten ihr sogar die Uhrzeit gesagt: 17.46 Uhr. Die Zeit, in der er seinen ersten eigenständigen Atemzug gemacht hatte. Wie lange mochte das her sein? Ihr Zeitgefühl verriet ihr, dass es inzwischen weit nach Mitternacht sein musste. Erinnerungen kamen wie Filmszenen, verwischten, leuchteten auf, verloren an Plastizität. Ja, richtig: Sie hatte sich gewundert – und protestiert. „Das kann nicht mein Junge sein“, sagte sie. „Seht mich an, ich bin dunkel, und mein Mann, der Diego, der ist noch viel dunkler als ich. Aber das Kind sieht ja aus wie ein Brötchen, das erst noch in den Ofen muss. Versteht mich nicht falsch: Es ist ein hübscher Junge, aber es kann nicht unserer sein."

„Du bist allein hier", hatten sie gesagt. „Eine Verwechslung ist ausgeschlossen."

Sie hatten ihr bitteren Tee gegeben, und sie war wieder eingeschlafen, auch vor Erschöpfung. Jetzt fiel ihr alles wieder ein – auch, wie Diego sie angesehen hatte: unterdrückte Wut in schwarzen Augen, mahlende Wangen, blind vor Zorn. Da entdeckte sie einen Bogen Pergament neben sich, dick beschrieben mit schmieriger Tinte, voller Fluchworte in Romanes, aber das schlimmste Wort von allen kam an letzter Stelle und war am dicksten geschrieben, auf anklagende Weise dick, ein Wutwort:

B – a – l – e – t – s – c –h – i – d – o

Sie flüsterte es vor sich hin. *Baletschido* hieß, sie war ausgestoßen, sie gehörte nicht mehr zur Sippe. Keiner würde sie mehr grüßen, nicht einmal der eigene Bruder. Sie waren nicht so skrupellos gewesen, sie hinaus in die Nacht zu jagen, dennoch spürte sie, dass es Zeit war, sich nach einer anderen Bleibe umzusehen. Für sich und ihr Kind. Wo aber war der Junge?

Der kleine Prinzo – sie zweifelte nicht daran, dass sie ihm den Namen gegeben hatten, den sie für ihn ausgesucht hatte – lag, in dicke Daunen gehüllt, draußen auf einem Berg zwischen zwei Wäldern. Womöglich fror er, womöglich knurrte sein kleiner Magen, aber er würde es nicht lange ertragen müssen. Er lag da und weinte und strampelte, über ihm ein riesiger roter Mond, der immer näher rückte, bis er den Gipfel des Berges berührte, sanft, als wolle er den Jungen küssen. Und alle, die unterwegs waren, sahen das Spektakel und riefen aufgeregt bei der Sternwarte an, nur um sich beschwichtigen zu lassen: Das sei alles völlig in Ordnung.

Wieder kam ein Sommer, danach ein schwarzer Winter, dann viele Jahre, die ihr ins Gesicht wehten wie Eiskristalle. Keiner aus ihrer Sippe sprach noch mit ihr; sie spuckten auf ihren Weg oder wechselten die Straßenseite. *Baletschido* – wie ein Echo hing es in ihren Ohren, wenn sie nachts von Prinzo träumte, dessen Schicksal sie nicht kannte. Nur einmal näherte er sich ihr im Traum: Sein Haar war nachgedunkelt, das Feuer ihrer Sippe brannte jetzt in seinen Augen, er lebte bei den Wölfen und verstand keine andere Sprache als ihr Gebell im Mondlicht.

Diego, so hieß es, hörte nicht auf zu erzählen, dass sie eine Ehebrecherin sei, eine Hure, und in manchen Nächten fürchtete sie, er würde kommen, um ihr die Kehle durchzuschneiden. Doch fünfzehn Jahre lang geschah nichts. Dann hörte sie eines Tages, er sei tot, verwundet im Zweikampf. Längst hatte sie vergessen, wie Glück sich anfühlte, doch jetzt schien es zurückkehren zu wollen. Wenn ein Zigeunerbann gelöst wird, spürst du es in deinem Herzen: als würden Schlosser gesprengt, als lösten sich eherne Spangen. Sie begann, sich wieder nach Männern umzudrehen, flanierte wieder durch die Straßen, machte sich hübsch, trug Schmuck und schillernde Hüte. An einem jener Abende, als sie spazieren ging, sah sie die Bude der Souvenirhändlerin wieder, in der Nähe eines Parks, und weil schon September war, wehten Blätter vor ihr her, als wollten sie ihr den Weg weisen.

„Geh nicht hinein“, sagte eine junge Stimme. „Sie ist wieder traurig, genau wie damals, und fühlt sich einsam. Da ist es besser, wenn sie niemanden sieht.“

Moneli zögerte, dann drehte sie sich um. Der Junge war sehr hell, sehr blond, anders als Menschen im sterbenden Sommer es sind.

„Du bist ihr Sohn?“ fragte sie.

Er schüttelte den Kopf und warf sein Haar zurecht, war sich seiner Schönheit bewusst. „Nein, aber auch der ist dir einmal begegnet. Das ist schon lange her. Du gehörst nicht zu den Frauen, bei denen das Glück sich lange wohlfühlt. Du musstest lernen, jede Sekunde auszukosten.“ Er schob sich ein Kaugummi in den Mund. Seine Zähne waren strahlend weiß.

„Wo hat sie die ganze Zeit gesteckt?“ fragte Moneli und deutete auf die Bude. „Ich hätte sie so dringend gebraucht.“

„Gebraucht, um ihr Fragen zu stellen? Sie hätte darauf keine Antwort gewusst. Denk jetzt nicht darüber nach.“

Moneli sah ihn an, sah seine beachtliche Größe, und Schnee fiel ihr ein: dichter Schnee, der die Welt zu ersticken drohte, ein Kinofoyer mit flackernden Glühbirnen; eine Nacht, kalt wie die Luft in Häusern, wo keiner mehr wohnt.

„Hattest du eine gute Zeit?“

Er zuckte mit den Schultern. „Der Mond sorgt immer gut für seine Kinder.“

Sie lächelte. „Wer hat dich großgezogen? Dich genährt?“

Sein Blick wanderte hinauf zum Himmel, wo eine fahle Sichel schwamm, in der man schlafen konnte wie in einer Kinderwiege. Dann lächelte er, verschwand zwischen den Bäumen, und nur der Klang seiner Schritte im Nebel verriet ihr, dass sie nicht geträumt hatte.

Ich hätte ihn umarmen sollen, dachte sie, während sie die nächste Bar ansteuerte, in der niemals sterbenden Hoffnung, ein netter Fremder wäre dort, der dann für immer bei ihr bleiben würde.

Einmal, wenigstens einmal im Leben.

American Gigolo

Mitte der achtziger Jahre lebte ich in einer Atelierwohnung in Alphabet City, einer heruntergekommenen Wohngegend in der Lower East Side. Auf Grund einer gesetzlichen Mietpreisbindung (fragen Sie mich nichts Genaueres, ich kenne mich in solchen Dingen wirklich nicht aus) war die Bude seit dreißig Jahren nicht renoviert worden und wurde zu bescheidenen Konditionen angeboten; Voraussetzung war, dass jeder Bewohner, der sich für eine bessere Unterkunft entschied, übergangslos für einen Nachmieter zu sorgen hatte. Das Glück – nennen wir es mal so – wollte es, dass ein manisch-depressiver Vetter meiner Mutter mir nach seinem Freitod, wenn auch unbeabsichtigt, dieses Abschiedsgeschenk gemacht hatte, und so zog ich an einem heißen Sommerabend dort ein, staffierte mein neues Quartier mit Holzkisten, Kartons, ein paar Büchern und meiner Gitarre aus, und auch wenn es in dem siebenstöckigen Haus oft ganz schön turbulent zuging, wollte das Schicksal es, dass ich ein Jahr später – ich glaube, es war 1988 – noch immer dort wohnte und mir mittlerweile ein Zubrot bei einer Tageszeitung für deutsch-jüdische Aussiedler verdiente. Die fetten Jahre meines Lebens waren es nicht, aber ich fühlte mich versorgt und glücklich.

Ich traf mich in jenem Sommer mit einem etwa gleichaltrigen Mädchen aus Hoboken, und meistens verschwanden wir abends in Leon's Den, einer Bar gleich um die Ecke, in der es nach Gummi und Kaffeesatz roch und das Black Crown so billig angeboten wurde, dass ich nur selten stocknüchtern nach Hause kam. Nur gelegentlich fuhren wir mit ihrem Pacer *downtown*, gingen dort ins Kino oder zu einem Konzert, und ich weiß noch, es war ein Tag im Oktober, ein roter Altweibersommertag, der Asphalt noch immer aufgeladen wie ein Heizkörper, als wir uns im Holly Day Theater jenen Jesusfilm von Scorsese ansahen, der damals die Gemüter so erregte. Der Tag, an dem – was keiner ahnte, auch nicht die Meteorologen – die große Kälte kam.

Als wir das Kino verließen, traf es uns wie ein Tritt in die Weichteile. Die Heuschrecken auf den überwachsenen Abrissplätzen waren verstummt. Die Straßenbäume blickten uns an, als wäre ihnen schlecht. Sharons Gesicht nahm die gleichen verdrießlichen Züge an wie das der Leute ringsum.

„Es ist eine halbe Stunde bis zum Wagen“, sagte sie, was ich mir inzwischen selbst ausgerechnet hatte, da in dem Auto mit großer Wahrscheinlichkeit meine Windjacke lag. Mit ein paar Notgroschen drin, den Rest hatte ich im Kino für salziges Popcorn ausgegeben, sodass ich auch noch einen trockenen Mund und richtig Durst hatte. Wir hatten nach der Vorstellung gleich nach Hause fahren wollen. An ein Taxi war also nicht zu denken.

„Ich glaube, wir müssen zu Fuß gehen“, flüsterte sie schicksalsergeben. Es hatte die Qualität eines Todesurteils. Windstöße fuhren wie Fallbeile aus dem New Yorker Abendhimmel, und die kleinen Banner über der Eingangstür zum Kino zeigten alle in eine Richtung, starr und wütend und wie unter Strom. Wir pressten uns aneinander und liefen los.

Leider gerieten wir unterwegs in Streit. Das haben kalte Abende, denen man schutzlos ausgeliefert ist, so an sich – man neigt zu kleinen Ungerechtigkeiten. Und wir stritten nicht etwa über unsere Beziehung, Eifersüchteleien oder unsere Pläne für den Winter – nein, wir stritten wegen dieses verdammten Films.

„Er tritt die Gefühle aller Menschen mit Füßen, die in ihrer Religion Trost suchen", sagte Sharon, und ich fragte mich, ob ihr unermüdlich plapperndes Mundwerkzeug vielleicht nur ein Trick war, um heimlich Wärme zu generieren. „Da hat dieser Priester sich aufgeregt, im Frühling, bei dieser Talkshow, und ich finde, er hatte recht. Er hatte verdammt noch mal recht. Diese Regisseure leben verwöhnt in ihren Villen und denken sich irgendwas aus ..."

„Er hat sich die Geschichte nicht ausgedacht. Sie stammt von Kazantzakis."

„Von wem?"

Ihr argloses Gesicht, während sie mir die Frage stellte, machte mich wütend; ich riss mich von ihr los und stürzte auf die andere Straßenseite. Was ein Fehler war, denn kein Mann, der etwas auf sich hält, kehrt jemals von einer anderen Straßenseite zurück. Eine Zeit lang hielt sie mit mir Schritt, doch bei der nächsten Unterführung zweigte ich ab, verlor sie aus den Augen. Natürlich war es gedankenlos gewesen, ihr hätte alles Mögliche passieren können. Aber blitzartige Kälte lähmt vermutlich auch unser Mitgefühl.

Und ich wusste nicht mal, wohin.

Nach Hause laufen war zu weit, ich wäre wahrscheinlich erfroren. Eine Bar kam auch nicht in Frage, da ich kein Geld einstecken hatte. Es wohnten auch keine Bekannten in der Nähe, die ich hätte aus dem Bett klingeln können. Also lief ich, lief einfach. Lief und fror und fluchte. Und klapperte mit den Zähnen. Das ist kein abgedroschenes Bild, wie ich seit jenem Abend weiß – man klappert wirklich.

Die Gegend wurde immer unwirtlicher. Bald begegnete ich kaum noch Menschen. Eine ältere Frau im Eingang einer Bar lächelte mir zu und winkte. Sie trug ein langes, goldverziertes Kleid, und ich beschloss, dass sie Schwester Fieber war, ihren Besuch ankündigend. Ich würgte, mir war schlecht, aber ich lächelte zurück. Dann folgte wieder eine Unterführung. Und dort unten, neben einer Wand voller Graffiti und undefinierbarer Kleckse, als ich Atem schöpfen wollte, sah ich diesen Mann mit der roten Mütze, auf der *Fire Chief* stand. Er lächelte.

„Nicht gerade Survival-Klamotten", sagte er mit Blick auf mein T-Shirt. Ich grinste dünn und blickte in den Abendhimmel, der aussah wie mit Schokolade bekleckert.

Er war breitschultrig, schmalhüftig, sportlich gebaut, trotzdem wirkte er auf mich seltsam unproportioniert. Ich schätzte ihn auf Mitte vierzig, er konnte jünger sein. Ich fragte mich, wieso er diese seltsame Mütze trug. Als er meinen Blick sah, nahm er sie ab und hielt sie mir vors Gesicht, als wäre sie auf seinem Kopf unsichtbar gewesen.

„Das hat seinen Sinn", sagte er. „Du kennst das – Feuerwehr spielen und so? Ich nehme an, du brauchst ein Dach über den Kopf?"

Ich nickte.

„Kennst du American Gigolo?"

„Ein Film?"

„Nein." Er setzte die Mütze wieder auf und justierte den Klettverschluss am Nackenende neu. „Ein Cocktail. Enthält Tequila und Kokosmilch. Und Feuer. Das Feuer ist meine Spezialzutat." Er schenkte mir einen mitfühlenden Blick. „Schau, du stehst im Regen, du brauchst Feuer. Ich lade dich zu mir ein. Für eine Stunde oder zwei. Wenn du dann nach Hause gehst, hast du Feuer. Das erlischt nicht mehr, bis du dich selbst am Ofen wärmen kannst."

Ich war skeptisch; in New York ist man immer skeptisch, die Wissenschaft der Blicke und Augenkontakte und deren Bedeutung steht dort auf wackligen Füßen. Aber Regen macht blöd. Und Verzweiflung auch. Ich sagte nichts, sondern lief neben ihm her. Daraus schien er zu schließen, dass ich keine Einwände hatte.

Er zog einen Knirps aus seiner Jackentasche, spannte ihn auf, und der New Yorker Regen begann zu trommeln, ein trübseliges und doch verheißungsvolles Tam-tam, das immer lauter wurde, die Tropfen flach und formlos wie Hühnerdreck.

„Eine Stunde ist relativ", sagte er, als hätte er Lust auf einen philosophischen Diskurs. „Hast du Lust, morgen früh mit mir frische Brötchen zu holen?"

„Falls das eine Umschreibung für etwas anderes sein soll, nein."

Er lief langsamer, weil er vermutlich nachdachte. „Du willst nur das Feuer, stimmt's?"

„Ich will mich an der Heizung wärmen."

Noch langsamer. Dann hatte er meine Worte verstanden und beschleunigte wieder. „Ich hätte es an deinen Augen sehen können", schrie er gegen den Regen an. „Jungs mit grünen Augen sind wie Katzen. Immer auf der Suche nach einem Kamin, aber furchtbar eigensinnig. Was hat dich hinaus in die Kälte getrieben?"

„Ich hatte Streit mit meinem Mädchen."

„Hast du ihr wehgetan?"

„Das würde ich nie tun. Es ging nur um einen Film."

„Gib's zu, du hast ihr wehgetan." Er lachte, als wäre es nur ein Spaß, aber ein böser Spaß, vom hämmernden Regen begleitet wie eine melodramatische Clownsnummer. Gleich würde ein Kind auf einem Esel vorbeireiten und die Menge sich gruseln und trotzdem johlen.

„Gesteh es mir doch", hörte ich ihn plärren. „Du hast ihr wehgetan."

Ich war über den Wolken. Nicht wirklich, denn ich sah die Wolken noch immer von unten, hier im siebzehnten Stockwerk, aber das Zeug ...! Er saß mir gegenüber und sah mir beim Trinken zu wie einem Tier, dessen Reaktion er testen wollte. Meine Reaktion war – *bliss*. Ich fragte mich, wo Sharon jetzt steckte, hatte auf einmal das Bedürfnis, sie im Arm zu halten oder unter einer Bettdecke mit ihr zu kuscheln, die ganze Glückseligkeit des Moments mit einem Kuss transportierend.

„Teddy ging genauso drauf ab wie du", sagte der Firechief. „Bei ihm war es noch schlimmer: Er wollte vögeln. Immerzu nur vögeln. Es soll Leute gegeben haben, die sich auf mein Zeug zu Tode gevögelt haben."

Ich hatte mir kurz die Finger in warmem Wasser abgespült, und als ich reinkam, die Hände rot und noch immer tropfend, stand der Drink schon auf dem Tisch, bunt und leuchtend wie eine Geburtstagsüberraschung. Mir war, als müsste es längst tagen, aber es war erst kurz nach Mitternacht. Durchs Fenster sah man die Neonreflektionen der Stadt am Himmel, rauchblau und rot, als tobten irgendwo hundert Brände.

„Teddy?“

„Ja, er ist tot. Er war nicht für diese Welt geschaffen. Zu hilflos. Aber Teddy hat anderen gerne wehgetan, trotz all seiner Hilflosigkeit. Daran ist er gestorben. Der Tod sucht sich oft seltsame Wege. Er sucht sich immer Menschen, die andere gern verletzt haben. Mit Brandon war es genauso.“

„Brandon?“

„Brandon, *the ultimate American Gigolo.*” Er prostete mir zu, damit ich trank, trank, trank. Ein zweites Glas. Ein drittes. „Er hat sich von Gisèle ficken lassen.“

„Gisèle?“

„Sie lebt noch. Irgendwo auf der dunklen Seite des Mondes. Sie war mit mir verheiratet, bevor ich Feuerwehrmann wurde. Wir hatten drei Kinder.“

„Und die leben auch auf der dunklen Seite des Mondes?“, fragte ich. Er musterte mich, als würde er über die richtige Formulierung seiner Antwort nachdenken, doch dann sagte er etwas ganz anderes:

„Woher bist du dir eigentlich so sicher, dass ich dir nichts in den Drink getan habe?“

Die Fahrt mit dem Personenlift hier rauf fiel mir wieder ein. Mir waren ganz ähnliche Gedanken gekommen: Warum bist du dir eigentlich so sicher, dass er dir nicht gleich den Schädel einschlägt? Das Licht hatte geflackert, und seine Augen hatten geflackert, und ich hatte versucht, ihn bei Laune zu halten.

„Welchen Grund sollten Sie haben?“

„Es wäre der einfachere Weg“, seufzte er. „Aber nicht der beste.“ Er schüttelte entschieden den Kopf. „Nicht der beste. Was ersetzt einen Blick? Eine Stimme? Den Geruch von Angstschweiß?“ Er lachte und prostete mir zu. „Ich mache nur Spaß. Wie schmeckt dir das Zeug?“

Zumindest fror ich nicht mehr, auch wenn seine Wohnung schlecht beheizt war. Ich war weit davon entfernt, zu frieren, konnte mir im Moment auch nicht vorstellen, wie es war, wenn man fror, so als wären die letzten beiden Stunden wie ausgelöscht. Wieder drängte sich mir das Bild von Sharon auf, und hätte ich im Moment gewusst, wie es sich anfühlt, zu hassen, hätte ich sie vielleicht gehasst. Dafür, dass sie einfach zum Wagen gelaufen, eingestiegen und nach Hause gefahren war, während ich draußen in der Nacht alt wurde und die Orientierung verlor. Aber auch vom Hass war ich um Welten entfernt, es gab ihn nicht. Es gab nichts außer das Feuer und die rote Mütze des Firechiefs, und die Erinnerung an all die toten Fremden, deren Augen vor mir flackerten, flammengleich, im flirrenden Feuer. Eine Turmuhr schlug, und ich dachte mir, ich hätte einfach in eine Kirche gehen müssen, dort waren kein Regen und kein Frost. Aber wer nicht an Gott glaubte, dem fielen solche Dinge nicht ein.

Er zog mich an der Schulter empor und winkte aus der Nähe, als wäre ich betäubt, und er müsse mich wecken. Dann führte er mich in den Flur, wo es nach Blumen roch, die hier vor Jahren verwelkt sein mussten und deren Duft nie wieder weichen würde. „Ich zeige dir dein Schlafzimmer.“

„Ich will erst duschen“, sagte ich. Es gelang mir nicht, mich loszureißen, er hatte zu viel Kraft. Er hielt mich mit einer Hand in Schach, die wie eine Zange meine Schulter umklammerte, er hätte mir das Schlüsselbein brechen können, es war mir jetzt bewusst. „Ich will erst duschen."

„Warum sagst du das nicht gleich?" fragte er in unvermindert freundlichem Tonfall. Seine Finger dirigierten mich in ein Badezimmer, in dem der Duft der verwesten Blumen noch nicht angekommen war. Alles sauber, dachte ich mir, und er erklärte mir den Warmwasserhahn, den Seifenspender, die Massagefunktion des Brausekopfs. Und dann ging er endlich, endlich hinaus. Ich atmete auf. Im Spiegel sah ich die Abdrücke seiner grobschlächtigen Finger auf der Haut meiner Schulter und ließ kaltes Wasser drüberlaufen.

Als ich vor der Dusche stand, bemerkte ich, dass der Firechief mir kein Handtuch hinterlegt hatte, aber Gott, es war ein Badezimmer, irgendwo mussten welche sein. Ich öffnete einen großen, billig aussehenden Faltschrank, stöberte unter roten und weißen Klamotten, einem schweren Gürtel mit Nieten, und entdeckte schließlich drei frische Handtücher auf einer Pappschachtel, nahm mir eines, löste dabei versehentlich den Deckel des Kartons und sah einen Stapel von Zeitungsausschnitten.

Große Lettern, schwarzglänzend, rot unterlegt, wie besudelt mit Blut.

Ich muss es Ihnen gleich sagen: Es konnten keine persönlichen Erinnerungen von ihm sein; sie stammten aus verschiedenen Jahrzehnten, verschiedenen Städten, verschiedenen Ländern, und auch die Umstände der geschilderten Taten waren nicht identisch; viele der Täter waren geschnappt worden und schon lange gestorben, aber es ging immer um das gleiche: Um tote junge Männer. Um tote junge Männer, an deren Hilflosigkeit sich jemand geweidet hatte, sie quälte, erwürgte, einen davon sogar bei lebendigem Leib häutete und ihm seinen Schlüpfer straff um den eigenen Hals schnürte, während er zum Orgasmus kam, da der abgeschnürte Blutkreislauf im Körper Erstickender das Empfinden bekanntlich verstärkt.

Ich hatte das Gefühl, die Requisiten für einen Hausaltar in Händen zu halten. „Ich genoss es, als die Angst in seine Augen trat und er zu wimmern begann“, sagte einer der Täter, der seinem Opfer die Genitalien mit siedendem Wasser übergossen hatte. Strafe – ein Wort, das ich immer wieder zu lesen bekam. Strafe für dies, Strafe für das. Die Welt war schlecht, die Jungs waren schlecht, die Kälte und der Regen da draußen waren schlecht. Ein Schatten fiel auf das Zeitungspapier, die Scharniere der Tür ächzten. Ich sah eine Hand, sah kräftige Finger, nach mir ausgestreckt.

„Gib's zu, du hast ihr wehgetan.“

Eine Stunde später lief ich über den Times Square, winkte einem Taxi, bezahlte im Voraus mit dem Geld, das eine Fee in meine Taschen gezaubert hatte, und ließ mich nach Hause chauffieren.

„Was ist mit dir, Junge?“, fragte der Taxifahrer. „Du siehst aus, als würdest du gleich einen Kollaps erleiden.“

„Ich komme aus einer Wohnung, in der es brannte. Das ist nicht so lustig.“

Der Regen hatte aufgehört, die Scheiben schwitzten, Kondenstropfen pulsierten und platzten. In einer Milchbar hatte ich

Milch und Kekse gefrühstückt. In meinem Magen war noch immer das Feuer, jetzt nicht mehr lodernd und gefräßig, aber sanft glühend, wie Kerzen in einer Winternacht. Ich rief Sharon an, und wir klärten die Geschichte und gingen essen. Von keinem Kazantzakis ließen wir uns den Abend verderben, von keinem Jesus. Ein halbes Jahr später trennten wir uns, und ich verließ New York für eine Weile.

Vielleicht wisst ihr, was ich euch damit sagen will, ihr Jungs auf der Suche nach eurem Glück. Solltet ihr euch irgendwann in dieser Stadt verlaufen, weil ihr Streit mit eurer Freundin hattet, und sollten der Wind und die Kälte euch jagen, und solltet ihr, den Tränen nahe, ziellos umherirren – ich glaube, das Haus liegt gleich an der 44. Straße, zwischen Harper's Deli Store und einem Schuhladen. Ihr könnt es nicht verfehlen, es riecht dort nach Pastrami und gefilte Fish, und im Aufzug flackert pausenlos das Licht. Ich bin mir sicher, er geistert noch immer dort herum, nicht gealtert, mit seiner roten Mütze, denn Feuer können jeden Tag ausbrechen, und New York ist eine Stadt, die voll ist mit Bränden. Stellt euch einfach als der *American Gigolo* vor, und er wird lächeln und euch diesen verteufelten Drink servieren, und dann werdet ihr es spüren: eine Feuersbrunst in euren Gedärmen, ein Zittern in eurem Bauch, ein paar Blutergüsse an den Schultern.

Aber ein sicherer Ort, wenn über Nacht die große Kälte kommt.

Nach vielen Sommern sterben die Schwäne

Sie erwachte vom Geräusch ihres eigenen Atems; der gehörte nicht hierher. Ihre Augen schmerzten vom Rauch, und es war dunkel. Dann schälten sich wie Phantome, die durch reine Gedankenkraft Form annehmen, leere Sitzreihen aus dem Nichts, eine schwach beleuchtete Leinwand, ein trübes Notlicht an der Wand. Da dämmerte es ihr wieder: Sie war im Kino.

Sie musste eingeschlafen sein. Nun war der Film zu Ende, und das bestimmt schon eine ganze Weile; die Stille hatte bereits etwas von Endgültigkeit, von Ewigkeit. Nur der Snackautomat, aus dem man sich Cola und warme Burger holen konnte, plapperte unermüdlich vor sich hin.

Ob außer ihr noch jemand im Haus war? Und falls nicht, ob die Haupteingänge sich von innen öffnen ließen? Sie war in einer solchen Situation noch nie gewesen. Für einen Moment glaubte sie, ihre Handtasche wäre weg, aber sie hatte sie mit den Füßen unter den Sitz geschoben, wo ein möglicher Dieb erst an ihren Beinen vorbeimusste.

Sie tastete sich zum Ausgang. Kurz darauf stand sie im Foyer, wo noch immer Leben war, nur ohne Menschen. Der kleine Kiosk, wo es die Tickets gab, war verriegelt. Durch die großen Scheiben mit den Filmreklamen konnte man auf die Straße blicken, und wenn sie nicht die ganze Nacht hier drin verbringen wollte, sollte sie vielleicht auf sich aufmerksam machen, es waren noch genug Leute unterwegs, die sich unterhielten oder kicherten.

Dann jedoch gesellten sich andere Schritte hinzu, die nicht von draußen kamen, sondern aus dem langen Flur, der hinter der Süßigkeitentheke ins schwarze Herz des Kinos führte. Gleich würde sich jemand furchtbar vor ihr erschrecken.

Der Strahl einer großen Taschenlampe traf sie. Es war, als stünde ein Engel vor ihr, dessen Licht kein menschliches Auge ertrug. Sie hob den Unterarm vors Gesicht.

„Es tut mir leid“, sagte sie.

„Sieht so aus“, antwortete eine junge, aber markante Stimme. "Wem tut es schon nicht leid, wenn er erwischt wird?"

Sie versuchte, ihre Lage zu erklären, noch immer ohne ihn anzusehen. Von den Filmplakaten starrten Gesichter, als wüssten sie Bescheid, könnten aber nicht helfen.

Endlich ließ er die Taschenlampe sinken, „Es kommt ab und zu vor“, sagte er. „Die Leute rutschen in ihre Sitze, und ich kann sie von der Tür aus nicht sehen. Eigentlich bin ich dazu verpflichtet, noch mal einen Kontrollgang durch den ganzen Zuschauerraum zu machen, aber wer tut so etwas schon? Ich bin nicht zum Wandern geboren.“ Sie sah, wie er mit dem einen Bein wippte. „Sie werden lachen, zu Beginn des Films haben wir uns schon mal gesehen. Ich habe Ihnen den Platz zugewiesen. Wir sind gestolpert, und sie haben sich an mein Handgelenk geklammert. Wir waren uns ganz nahe.“

Er ließ die Lampe in seine Jackentasche gleiten. Sie erinnerte sich. Sie hatte ihm nicht ins Gesicht gesehen, weil sie befürchtete, er könnte glauben, sie würde es absichtlich tun, nur um ihn berühren zu können. Sie erinnerte sich nur an Wildlederschuhe, an gut sitzende schwarze Hosen.

„Es scheint Sie nicht gerade zu interessieren, wie ich aussehe“, sagte er.

„Ich weiß nicht. Haben Sie sich den Film auch angesehen?“

„Ich bin nicht zum Filmegucken hier. Kein Nachtwächter dieser Welt ist das.“

„Was sind Sie nun? Nachtwächter oder Platzanweiser?“

„Alles zusammen. Ich bin der liebe Gott des Kinos, zumindest nach Mitternacht. Wenn die wahren Geschichten beginnen. Sehen Sie den Tisch da hinten? Den mit den zwei Stühlen? Dort setzen Sie sich jetzt hin. Und ich werfe die Kaffeemaschine noch mal an und braue uns was zusammen, damit Ihr Kreislauf wieder in Gang kommt. Aber nur, wenn Sie mich dann endlich ansehen. Wissen Sie denn gar nicht, was sich gehört?“

Eigentlich wollte sie gar keinen Kaffee, Eiskrem wäre ihr lieber gewesen. Anscheinend hatte der Schreck sie jede Menge Zucker gekostet. Sie sah die Snacktheke und nahm alles wahr, was süß ist. So wie man sich nach dem Kalk von den Wänden sehnt, wenn einem gewisse Mineralstoffe fehlen. Der Mann hatte braunes, schwach glänzendes Haar, wie Vollmilchschokolade. Aus der Ferne war es einfacher, ihn zu betrachten. Er musste schöne Hände haben, denn er trug drei Ringe. Nur Menschen mit schönen Händen machen mit Schmuck auf ihre Finger aufmerksam.

„Müssen Sie morgen früh raus?“, fragte er. „Mit Milch?"

"Nur Zucker. Nein, ich muss überhaupt nie raus.“

„Ah, Urlaub?“

Nein, sie hatte keinen Urlaub. Sie war einfach nur reich, stinkreich. Wahrscheinlich musste sie bis zu ihrem Tod nie wieder arbeiten, aber mit so etwas prahlte man nicht.

Er kam mit zwei vollen Plastikbechern zurück. Der Kaffee dampfte, aber seine Hände schienen nichts zu spüren. Oh ja, er war hübsch. Auf eine wilde, natürliche Weise. Ihre Augen streiften seinen muskulösen Hals, wanderten hoch zu seinen Lippen und hüpften dann zurück, als wären sie gestolpert.

„Dieses Amulett um Ihren Hals ...", sagte sie.

„Was ist damit?"

Wie hätte sie es je vergessen können? Worte in einer fremden Sprache, die keiner verstand, in eine weiche Silberlegierung eingraviert. Er darf anderen nicht sagen, was sie bedeuten, hieß es damals immer. Diese Sprache sprechen nur die von seinem Volk.

„Sind Sie ... bist du Álvaro Winterstein?"

Er ließ den Anhänger zurück unter sein Hemd gleiten.

„Frag mich nicht über meine Vergangenheit aus. So etwas tut man nicht."

Es hatte zu schneien begonnen, die Flocken vor dem fahl erleuchteten Gebäude tanzten hin und her wie Popcorn in einer Popcornmaschine. Auf den vorbeieilenden Hüten lagen Kränze von Schnee. Sie freute sich, dass sie es warm hatte.

„Wo steht dein Auto?", fragte er.

„Ich bin mit dem Taxi gekommen."

„Ganz schön großspurig. Ich kann dich morgen früh nach Hause fahren. Du musst nicht nochmal Geld ausgeben."

Oh lieber Gott, er redete wie ein Junge. Geld ausgeben ... als würde jeder fehlende Groschen dich dem Hungertod ein wenig näher bringen. „Kann ich verschmerzen“, sagte sie.

Seine Augen bohrten sich in ihr Gesicht. „Und wo hast du dein Vermögen her? Reich geheiratet?“

„Gleich mehrmals. Aber sie sind mir alle wieder verlorengegangen. Auf die eine oder andere Weise. Jedes Mal dachte ich, die Welt würde untergehen, ein für alle Mal. Aber es kam immer wieder ein Sommer.“

„Du kannst hierbleiben“, bekräftigte er noch einmal. „Dann kannst du mich eine Zeit lang vertreten, und ich komme ein wenig zum Schlafen. Wenn irgendetwas sein sollte, weck mich einfach.“

„Wo willst du schlafen? Auf dem Stuhl hier?“

„In meinem Büro steht ein Sofa. Ich bin wirklich nicht böse, falls du mich weckst.“

Sie plauderten noch ein wenig, aber nicht von früher. Dann stand er auf und ging. Der weiche, geschmeidige Gang von damals war ihm geblieben. Nach einiger Zeit ertönte ein Klavier. Er gehörte nicht zu den Jungen, denen man zutraute, dass sie Klavier spielen können, aber es klang sehr gut. Sie holte den Rest Kaffee, schaltete die Maschine ab, nahm sich noch drei Zuckerwürfel und lauschte.

Auch Michel hatte gespielt, meist vor vielen Leuten, auf Einladungen, wo der Applaus wie von einem Tonband kam. Ihr Mann spielt gut, sagten die Leute, als wäre es ihr Verdienst. Aber keiner nahm eine Melodie von ihm mit nach Hause, keiner wachte nachts auf oder jagte sie im Traum. Die Tasten und er blieben sich seltsam fremd, und zum ersten Mal fiel es ihr auf, als er Zigeunermusik zu spielen versuchte. Er kannte nur zwei populäre Titel – „Kel Layla kel" und „Scheen muss se sein" – aber es klang, als wollte er einen Feind verhöhnen. Oder als er Mendelssohn spielte, ohne zuvor das Licht zu dimmen. Die Strahlen des Kronleuchters zeichneten die Gesichter der Anwesenden hart: scheinheilige Fratzen. Sie musste ihn förmlich vom Klavier wegziehen, um diesen überbelichteten Alptraum zu beenden.

Sie blieben sechs Jahre lang verheiratet, dann machten sie Winterurlaub in der Schweiz, wo Michel einen Skiunfall hatte. Seine linke Seite blieb gelähmt, seine Bewunderer wurden zu seinen Tröstern. Eines Morgens, als sie in sein Krankenzimmer trat, um ihn zu wecken, standen dort neben ihm sechs leere Flaschen Tilidin.

Und so ging es weiter: Ihr zweiter Mann, ein bekannter Theaterintendant, erkrankte an Bauchspeicheldrüsenkrebs, der nächste kam von einem Gang zur Toilette nicht mehr zurück. Danach folgte niemand mehr. Sie hatte das Muster ihres Lebens erkannt. Und die Jahre hatten Frost in ihr Haar gewoben, damals noch zart, als könne man ihn einfach wegatmen.

Sie schritt vor der Leinwand auf und ab. Ein paar Heizungsrohre tickten, und manchmal flatterte ein Schatten durchs Bild, der von weiß woher kam. Dreißig Jahre, dreißig verdammte Jahre hatte sie gebraucht, um mit Álvaro in einem Haus allein zu sein. Und nun war es gleich ein riesiges Kino, in dem man sich so rasch verlieren konnte.

Dreißig gottverfluchte Jahre.

Sie waren sich nicht oft begegnet. Sie hatte im Seeviertel gewohnt, wo man hinter gläsernen Fassaden lebte, um jeden Sonnenstrahl einzufangen, der einem genehm war, und den ganzen Tag auf das Wasser blickte, wo nie etwas geschah. Natürlich musste man nicht den Zoll passieren, wenn man in die Stadt wollte, aber es gab eine unsichtbare Grenze, die sie nicht gern überschritt. Dahinter kam die Stadt mit ihren Schaufenstern und Lichtreklamen, zog sich viele Kilometer lang hin, dann gelangte man erneut an eine unsichtbare Grenze. Dahinter lagen der Güterbahnhof, ein großes Kinderheim, eine alte Schule und der Winterpark. In diesem Viertel hatte Álvaro gewohnt.

Die erste Zeit sah sie ihn nur, wenn er mit seinen Kumpels durch die Straßen zog: Sie waren leise, aber wachsam; verspielt, aber erfahren. Hinter ihren Rücken ragten die Schlote der Stadt in den Himmel, und wenn die Dämmerung kam, leuchteten ihre Augen, als hätte ein merkwürdiges Fieber sie befallen. Sie hatten dunkle Haare und raue Hände, und für sie gab es keine unsichtbare Grenze. Nirgendwo. Sie kannten alles, so wie man nur seinen Besitz kennt.

Mit Álvaro hatte sie zum ersten Mal zu tun bekommen, als beide etwa sechs waren. Sie war mit ihren Eltern zum Aussichtsturm gefahren, und nun stand sie da und starrte hinunter und sagte ab und zu, wie schön es hier oben doch sei. Nach einer Weile stürmte Álvaro mit seiner Clique den Turm. Er wartete, bis sie unbeobachtet war, dann flüsterte er ihr ins Ohr: "Was machst du, wenn ich dich da jetzt runterschubse?" Sie sah seine schwarzen Augen und bekam solche Angst, dass ihr schlecht wurde, heiß und schlecht, und nach einer Weile sagte sie zu ihren Eltern, sie hätte Zahnweh bekommen, nur damit sie endlich wieder gingen. Álvaro beobachtete jeden ihrer Schritte und grinste – nicht wie man im Spiel grinst, sondern im richtigen Leben.

Er spielte wieder. Die Töne waren wie weiche Tropfen, die Bilder in eine Schneekruste malten. Der Junge, den sie einst so gefürchtet hatte, saß ein paar Zimmer weit von ihr entfernt am Klavier, und außer ihm war nur die Nacht da, ein paar Töne Verzweiflung, die sie der Melodie beisteuerte, aber auch das Gefühl, nicht verloren zu sein, mit einem Bein noch in ihrer Kindheit zu stehen, wo all die Schätze und Zauberworte schlummerten.

Es kamen die Jahre, in denen man zum ersten Mal richtig begreift, was es heißt, ein Mädchen zu sein, aber was sie mit ihm erleben sollte, hatte noch nicht begonnen, es war noch im Werden, stand im Buch der Möglichkeiten.

Als sie ihn das nächste Mal sah, gastierte eine Kirmes in der Stadt, und auf dem Rummelplatz hatten sie Schießbuden und Popcornstände aufgebaut, das Zelt einer Wahrsagerin, die so heftig zwinkerte, dass viele es nach einem Besuch bei ihr selbst taten; große Fahrgeschäfte in Neon, ein Panoptikum mit siamesischen Zwillingen und einem Eidechsenmann. Am ersten Samstagnachmittag war auf dem Festplatz kaum etwas los: Ein eisiger Wind wehte, und die Wolken, die er vor sich hertrieb, waren wie Wasserbomben, die jeden Moment explodieren konnten. Sie war nur einmal über den Platz gelaufen, ziellos und einsam, und wollte gerade den Nachhauseweg antreten, als Álvaro Winterstein sich auf einmal vor ihr aufbaute. Er trug weiße Jeans und eine schwarzviolette Jacke, in deren oberstem Knopfloch ein

Gänseblümchen steckte. Ein breites Grinsen machte sich auf seinem Gesicht breit.

„Was willst'n du hier?"

„Ich? Äh, naja ... ich ..." Verdammt, was war das überhaupt für eine Frage? Jeder konnte hierherkommen, der wollte.

Sie versuchte, einen Bogen um ihn zu machen und weiterzulaufen, als sie die Berührung seiner rauen Hände an den Schultern fühlte. Wenig später hielt sie das Gänseblümchen zwischen den Fingern.

„Will heute mal nicht so sein", sagte Álvaro, dann ließ er sie mit der Blume stehen, von der sie nicht wusste, ob sie ein Geschenk war, eine Kriegserklärung oder ein Fluch.

Zu Hause stellte sie das Gänseblümchen in eine Vase. Zweimal stand sie aus dem Bett auf, um nachzusehen, ob es noch hier war. Als draußen die Vögel zu lärmen begannen, lief sie im Traum durch blühende Wiesen.

Álvaro, oh Álvaro, wäre nur jener Sonntag nie gekommen: jener Sonntag im April, ein ganzes Jahr später, als Tina Matz sie zu ihrem Geburtstag einlud. Sie waren keine richtigen Freundinnen, aber ihre Väter arbeiteten in der gleichen Firma, und die beiden Mädchen mussten sich gegenseitig immer einladen.

„Wie bitte?", rief sie, nachdem Tina ihr einen Überblick über ihre Gästeliste verschafft hatte. „Du hast Álvaro Winterstein eingeladen? Woher um alles in der Welt kennst du den denn?"

„Er war mal in meiner Klasse. Inzwischen scheint er überhaupt nicht mehr zur Schule zu gehen."

Sie verzog das Gesicht. „Ist der nicht schrecklich?"

„Álvaro? Ach was.“ Sie wechselte das Thema: „Ich werde bei meinen Eltern wieder eine Flasche Heidelbeerlikör mopsen. Die haben so viel von dem Zeug, dass ich praktisch das ganze Jahr heimlich mittrinken könnte.“

„Ich hoffe, du servierst nicht so viel davon. Die Leute werden oft so anders, wenn sie Alkohol getrunken haben. Als käme was Böses aus ihnen raus.“

„Nur wenn sie vorher schon böse sind. Es gibt auch Leute, die werden regelrecht kuschelig.“

Als Donna an jenem Nachmittag kam, hörte sie bereits von weitem Álvaros Stimme, die laut und angeberisch durch die Korridore hallte.

Als sie nach oben kam, sah sie ihn in Socken neben dem Fernseher auf dem Boden sitzen.

„Ah, noch eine, die zeigen will, wie viel sie verträgt.“ Seine unheiligen Augen blitzten sie an.

„Ich vertrage fast gar nichts“, sagte sie.

„Dann lass besser die Pfoten davon. Und setz dich, hier ist noch Platz.“ Er stützte sich auf die Unterarme und rückte nach rechts. Sie sah die Adern unter seiner dünnen Haut hervortreten, Und erblickte zum ersten Mal den Anhänger mit dem Amulett.

„Nun verrat uns doch endlich, was da draufsteht“, rief einer der Jungs und nahm sich eine Salzstange. Álvaro schnappte sich den ganzen Karton und stellte ihn auf seinen Schoß.

„Jetzt begrüße ich erst mal unseren Gast“, sagte er – und hielt Donna eine abgebissene Salzstange vor den Mund.

Oh Gott ...!

Sie erwischte ein Stück seiner Haut mit. Sie schmeckte ihn; es war der Geschmack eines ganzen Tages. Soll ich ihm die Salzreste von den Fingern lecken? Soll ich? Soll ich? Wird er mich bloßstellen? Lächerlich machen? Oder einfach schweigen?

Er schwieg. Der Geschmack seiner Haut hatte ihr das Wasser in die Augen getrieben, doch das verbarg sie gut. Am Abend brachte er sie nach Hause, machte einen Riesenumweg wegen ihr. Unterwegs sprachen sie kaum ein Wort. Er kannte die Kraft des Schweigens, wusste, dass sie beredter sein konnte als jeder zerstörerische Satz.

„Warum begleitest du mich überhaupt, wenn dir nichts zu sagen einfällt?“, fragte sie irgendwann.

Sie spürte seine Finger, die ihre Handgelenke fast ein wenig zu brutal drückten.

„Um jemanden nach Hause zu begleiten, muss man nicht reden. Aber falls du Lust auf 'nen Plausch hast, kann ich ja noch mit hochkommen. Ich weiß, man lädt sich nicht selbst ein. Ich würd's auch bleiben lassen, wenn ich nicht spüren würde, dass du auch schon darüber nachgedacht hast. Vorhin, als wir am Kinderheim vorbeikamen, stimmt's? Also, was ist?“

„Álvaro ... da oben sind meine Eltern und sehen fern ... und ich ...“

Sein Gesicht war ihrem ganz nahe, sie roch seinen Atem: Zigarettenrauch und Likör. Sie hatte zu lange in den Mond gestarrt; als sie die Augen schloss, sah sie sein Gesicht in Gold und Grün.

„Ich werde dich nie wieder fragen", sagte er. „Ein Leben lang nicht. Der Mond nimmt deine Bitte nur an, wenn er in Gold und Grün erstrahlt. Das wird nie wieder der Fall sein."

Er war ein kleiner Zauberer, das war er. Doch jede Vorstellung geht einmal zu Ende, dann bleiben nur knallende Türen und wehende Mäntel. Und der Mond färbt sich rot und gelb und blau, und ganz am Ende ist er schwarz und überhaupt nicht mehr zu sehen.

Sie ging hinauf und weinte in ihr Kissen.

Er war gekommen, ohne dass sie es gemerkt hatte.

„Seit wann bist du wieder hier?". fragte sie. „Ich meine, hier in der Gegend?"

„Ich war nie hier. Ich war nie hier und war nie woanders. Man ist nur irgendwo, wenn man heimatlos ist. Dann versucht man, die Heimatlosigkeit vor sich zu verbergen, und die Menschen bauen sich Häuser, bauen sich Nester, aber wenn die Nacht kommt, schreien sie und jammern wie junge Wölfe." Er schielte durch die Scheiben nach draußen. „Die Welt hat sich verändert. Früher konnte man vom Aussichtsturm aus die ganze Stadt überblicken, mit tausend Schloten. Die Schlote haben sie alle weggerissen. Wegen der Luft. Seitdem ist jeder Tag wie ein Sonntag." Sie fragte sich, ob er sich an den Tag erinnerte, als er gedroht hatte, sie hinabzustürzen.

„Als es noch Schlote gab", sagte er, „wusste man, das ist eine Stadt, deren Menschen einer Beschäftigung nachgehen. Als die Schlote verschwanden, verschwand auch das Leben. Die Häuser haben sie renoviert. Ich bin in einem Haus aufgewachsen, in dem überall Schatten lebten, in den Korridoren, in den Speichern. Solche Häuser baut heute niemand mehr. Sie sind glücklich, wenn sie sagen können, das gab es früher mal, aber heute nicht mehr; sie sind glücklich, wenn sie etwas zum Verschwinden bringen, bis nur noch große blanke Flächen übrig sind. Du hast dein ganzes Leben auf großen blanken Flächen verbracht. Alles war künstlich und unwahr. Und dann schläfst du im Kino ein, und die alte Sehnsucht steht wieder vor dir. Warum sitzt du hier, hörst mich Klavier spielen und denkst unentwegt an früher? Ich kann so etwas spüren. Ich weiß, was in dir vorgeht. Und du weißt, dass ich dir noch etwas schulde. Ja? Du erinnerst dich daran?“

Sie wusste es noch sehr genau.

In jener Zeit sah sie nachts oft ein Licht durch den Garten wandern. Und manchmal waren da auch Schritte, die im Kies des Gehwegs knirschten. Jemand versuchte, sie ans Fenster zu locken, doch sie hatte Angst, sich zu zeigen. Wieder wurden die Nächte unbehaglich, manchmal flüchtete sie aus ihrem Zimmer und schlief auf dem Klo, wo es kein Fenster gab, nur einen Dunstabzug. Und das Schlimme war, dass der fremde Besucher zu ganz unterschiedlichen Zeiten kam, sodass sie sich nicht darauf einstellen konnte.

Einmal traf sie in einer solchen Nacht in der Küche ihre Mutter.

„Ich kann nicht schlafen.“

„Ich auch nicht. Quält dich etwas? Hast du Probleme in der Schule?“

Warum immer nur in der Schule, dachte sie. Als wäre die Schule alles und der Rest dieser Welt nur Nebensache. Nein, sagte sie, dann suchte sie nach tausend Belanglosigkeiten, die sie erst alle abhakte, bevor sie endlich auf Álvaro zu sprechen kam. Sie tat, als wäre er ihr nur so eingefallen und gehöre gar nicht zum Gespräch.

„Das ist fahrendes Volk", sagte ihre Mutter. „Die Leute sagen, der Junge stiehlt. Und er hat dich von dieser Feier nach Hause gebracht? Warum hast du erst gelogen und behauptet, Tinas Vater hätte dich gefahren? Hat er dich in Frieden gelassen?"

„Ja, natürlich."

„Warum hast du dann nicht die Wahrheit gesagt? Schau nicht so viel auf seine schönen Hände und seine glatte Haut. Sein Herz ist verdorben, darauf kommt es an."

In der kommenden Nacht spannte sie eine Schnur über den Kiesweg, der vom Gartentor zu ihrem Fenster führte. Gegen zwei Uhr morgens hörte sie einen Schrei und das Geräusch von knackenden Sträuchern, und sofort rief sie ihren Vater, der den Kerl gerade noch erwischte, bevor er über den Gartenzaun flüchten konnte. Sie ging nicht hinaus, um nachzusehen. Das sollte ihr Vater regeln. Nach einer Weile kam er zurück.

„Es war Jean Gall", sagte er. „Ich hab ihm damit gedroht, ihn zurück in die Klapsmühle zu bringen."

Dort war Jean im Laufe seines 30-jährigen Lebens schon zweimal gewesen. Er war einer jener Kerle, die ewig Kinder blieben, naiv und dumm und wehleidig. Er war scharf auf die Hälse junger Mädchen, und wenn er sie nicht bekam, griff er manchmal zur Gewalt.

Jean lebte noch bei seinen Eltern, in einem alten Siedlungshaus; und es hieß, er wasche sich nie und beiße jungen Mäusen, die noch nackt waren, die Köpfe ab. Nachts trieb er sich die ganze Zeit in der Stadt herum, murmelte und summte Melodien, schob seinen ausladenden, aber unförmigen Korpus vor sich her, und immer hatte er Flecken auf der Hose, als hätte er sich eingepisst oder Schlimmeres.

Nachdem er von ihrem Vater gestellt worden war, hatte Jean sich in einem Schweinekoben versteckt. Und dort fanden sie ihn, zwischen die fetten, schmierigen Tiere gekuschelt, und es gab Hinweise darauf, dass er versucht hatte, sie anzunagen. Wieder landete er in der Anstalt, und wieder wurde er nach einiger Zeit entlassen.

In der Schule hatte sich ihr Erlebnis inzwischen herumgesprochen. Sie litt schwer darunter, auch wenn eigentlich nichts passiert war; sie ging im Sturm spazieren und lachte über dunklere Dinge als früher und wurde verschwiegen. Sie schreckte nachts hoch, mit wundgebissenen Lippen, dann schlief sie wieder ein und träumte, alles sei ein Fluch, weil sie den Kuss eines Prinzen zurückgewiesen hatte. Diese Worte auf seinem Medaillon ... vielleicht konnte er andere verhexen, wie viele Leute vom Jahrmarkt.

Jedes traurige Lied, das die Vögel von den Bäumen sangen, erinnerte sie an Álvaro. Wir tun das oft im Leben: Projizieren alle Wunder dieser Welt auf einen Menschen, dessen profanes Desinteresse wir mit allerlei Zauber verfälschen. Hätte Álvaro ihr einen Song komponiert oder für sie eine ganze Welt erschaffen, wäre ihre Schwärmerei schlagartig abgeklungen. So aber verdrängte sie, dass er die Lieder, die sie mit ihm verband, vielleicht gar nicht kannte, und versah die Leinwand, auf der er agierte, selbst mit einer Kulisse. Sie sah eine Romanze, wo in Wahrheit nur Stoff für ein dummes Liedchen war.

Mit ihren Freundinnen sprach sie über alles, außer über Álvaro. Sie gestand ihnen auch, dass sie nicht mehr so gern aus dem Haus gehe – wegen Jean Gall. Er hatte Macht über ihr Leben, und es gibt auf dieser Welt nichts Schlimmeres.

Eines Abends kam ihre Mutter zu ihr ins Zimmer.

„Jean Gall hatte einen Badeunfall. Er ist am Weiher bei der Entenmühle ertrunken." Ein paar Tage später berichtete auch die Zeitung darüber: dass man von einem ganz normalen Unfall ausgehen würde, hätte da nicht dieses seltsame Medaillon am Ufer gelegen, dessen Inschrift niemand deuten konnte.

Sie ging zur Polizei. „Es gehört mir", sagte sie. „Er muss es mir gestohlen haben. Ich hatte es im Garten liegenlassen, und seit er sich nachts dort herumtrieb, fehlte es."

Eine der Beamten stellte ihr lästige Fragen. Doch sein junger Kollege schritt ein:

„Kein Mädchen von ihrer Statur hätte einen Koloss wie Jean Gall so lange unter Wasser halten können. Wenn schon, dann war es ein Mann. Es kostet enorm viel Kraft, einen 105 Kilo schweren Mann unter Kontrolle zu halten. Ich weiß es von seiner Festnahme her."

Sie gaben ihr das Medaillon mit und beschlossen, es im Polizeibericht nie wieder zu erwähnen. Sie behielt es ein paar Tage, um in Stolz über ihre Heldentat zu schwelgen, dann wagte sie sich über die beiden unsichtbaren Grenzen in das Stadtviertel mit den schmutzigen Fassaden, das überquoll vor Mülleimern und armseligen kleinen Läden. Álvaro öffnete ihr selbst die Tür.

„Was ist?“

Sie hielt es ihm unter die Nase. Er zuckte zusammen, war einen Moment lang starr, dann riss er es ihr aus der Hand.

„Egal, wo du es herhast – danke.“

Sie sah ihn flehend an. „Das habe ich nur für dich getan.“

Er starrte an ihr vorbei durchs Korridorfenster. Draußen lag schmutziger Schnee, und ein Feuerwehrwagen mit Blaulicht fuhr vorbei.

„Es ist zu spät“, sagte er. „Oder siehst du irgendwo grüne und goldene Monde?“

Mädchen waren für ihn lange Zeit kein Thema gewesen. Kein ernsthaftes zumindest. Er wusste, dass sie es mochten, wenn man ihnen nette Dinge sagte, und den Bogen hatte er raus. Aber seine Clique war ihm wichtiger. Sie waren Schatten, die durch die Stadt spukten und sich dadurch interessant machten – aber Personen, die sich in den Vordergrund drängten, waren sie nicht.

An jenem Abend, als sie ihm das Medaillon brachte, fragte sie, was die Zeichen darauf zu sagen hatten. Und nun, während er ihr gegenüber saß und rauchte, fragte sie ihn wieder. Vielleicht hatten all die Jahre ja den Bann gebrochen.

Er grinste. „Vielleicht, dass meine Feinde den Tod im Wasser finden werden. Ich kann es dir nicht sagen. Es ist ... eine Familienangelegenheit. Was glaubst du, wie unglücklich ich war, als ich merkte, dass ich es nicht mehr hatte.“

Vermutlich, so dachte sie, hatte Jean es ihm vom Hals gerissen, als sie kämpften. Jean, der jetzt im Wasserleichenhimmel war, schon seit fast zwei Jahrzehnten. Der Tod hatte auf mutwillige Weise sichtbar gemacht, was er seit jeher gewesen war: ein widerliches Etwas, von einem besoffenen Gott erschaffen, nur um den Herzschlag der Welt zu stören.

Der Herbst kam, mit seinem schmutzigen Gelächter und seinen schlecht durchbluteten Landschaften. Sie war sechzehn Jahre alt und hatte keine Scheu mehr, sich frei in der Stadt zu bewegen. Manchmal, wenn die Dämmerung fiel, stieg sie in den Stadtbus und ließ sich in Álvaros Wohnviertel fahren. Auf der Heimfahrt fühlte sie sich immer einsam. Die Zeit zuvor nutzte sie, um sich in der Umgebung seines Hauses herumzutreiben und zu warten, bis in seiner Dachkammer das Licht anging. Es war ein lautes Stadtviertel, wie von fernem Geschrei und Hundegebell untermalt, und der Mond wanderte hier schneller, als liefe er Amok; aber seit sie sich kennengelernt hatten, fühlte sie sich dort nicht mehr revierlos. Sie stellte ihn sich in seinem Zimmer vor, im Unterhemd, braungebrannt und schön.

Eines Abends sah sie, wie seine Clique ihn abholte. Sie machten viel Lärm, lachten und rempelten sich gegenseitig an. Doch es war zu spät, er hatte sie bereits gesehen. Sie flüchtete sich in ein Café. Wenn ihm wirklich was an mir liegt, dachte sie, wird er kommen.

Also wartete sie. Wartete, bis der letzte Bus fuhr und der Müll, der durch die Straßen wehte – vergilbte Zeitungsblätter und leere Bierdosen – seltsam beseelt wirkte. Dann trat sie auf die Straße, und an der Haltestelle stand er, die Hände in den Hosentaschen, die Beine leicht gekreuzt. Sie ging auf ihn zu und packte ihn bei der Hand, die groß und warm und breit war, als wüsste sie schon vom nahen Winter.

„Du wirst hier übernachten müssen“, sagte er. „Der letzte Bus ist schon abgefahren."

Sofort dachte sie an ihre Eltern. Sie waren es nicht gewohnt, dass sie über Nacht wegblieb. Sie würden nach ihr suchen oder – schlimmer noch – sie suchen *lassen*.

Wasser trat ihr in die Augen – keine Tränen, sondern das Wasser des Begehrens, das wir alle absondern, wenn wir zum ersten Mal im Leben das Grenzland zwischen Traum und Traurigkeit betreten.

Eine Nacht lang saßen sie nur da, denn er wollte sie nicht allein lassen, aber er unternahm nichts, er taxierte sie nur mit den Augen.

Am Morgen fuhr sie mit dem ersten Bus in ihr Stadtviertel. Und drei Wochen später verkuppelten ihre Eltern sie mit Michel. Dass sie manchmal nachts mit einem Schrei erwachte, von Durst geplagt, bezeichnete man damals als Neurasthenie.

Sie kuschelte sich an ihn; sein Atem, den er im Halbschlaf durch die Nase ausstieß, kitzelte ihre Haut.

„Was war das für ein Leben, das du geführt hast?“, fragte sie, als müsste sie diese Sache unbedingt noch klären, bevor der Schlaf kam. Sie kannte seine Geschichte ja, aber nur in Rätseln und Chiffren. Was er jetzt sagen würde, darauf kam es an.

Er starrte an ihr vorbei.

„Einsam war ich eben. Nicht einsam in der Welt. Aber einsam in meiner Seele.“

„Und deine Eltern? Wer waren sie?"

„Frag nicht so banales Zeug. Welche Rolle spielt das, wer meine Eltern waren?"

„Es ist mir wichtig, weil ich ... nie Mutter werden durfte. Michel war ... nun ja, er war nicht ...aber du wirst alles wieder gutmachen, oder?"

Alles. Die Zaghaftigkeit und Dummheit des kleinen Mädchens. Ihre kranke, ausgehungerte Seele, mit der sie diesen Mann verscheucht hatte, wie ein altes, modriges Gespenst. Ihre Hand lag auf seinem Schwanz, dessen Hitze den Stoff seiner Hosen durchdrang, als wäre sie das Einzige, was in dieser Nacht lebte, wie nährender Regen oder Wind. Sie spürte das Pulsieren seiner Ader, die so kräftig war, dass sie sich unter dem Stoff abzeichnete: Es *musste* sein. Der große Künstler, der alles in Händen hielt, hatte seine besten Gimmicks aus dem Ärmel gezogen. *Großer Gott* war alles, was sie denken konnte.

Die Deckenbeleuchtung flackerte. An der Snackbar standen lauter junge Pärchen, winkten und lächelten, dann zerstäubten sie wie bunter Sand. Hummeln schwirrten durch die Luft und wurden zu grünen Monden. Eine Tür schlug auf und zu, eine unruhige Gespenstertür, dann war es der Bass eines bekannten Songs, dann nur noch Bongos in der Nacht. Als sie schreien wollte, ging es nicht. Als sie sich an seine Schulter klammerte, rutschten ihr die Finger weg.

Er stieß ihr seine Ladung zwischen die Beine, aber sie schien es nicht mehr zu spüren. Ihr Körper ging auf einmal seine eigenen Wege. Ihre Finger lösten sich vom starken, aber biegsamen

Fleisch seiner Schenkel. Es kam kalt und tot aus ihr, ein versiegender Bach, und er fragte sich, was zum Teufel los war. Doch ihre Augen stierten zur Decke, an ihm vorbei.

Es war ein Missgeschick, das nur Leuten passierte, die an Inkontinenz litten.

Oder soeben einen Herzstillstand erlitten hatten.

Oh, Donna, dachte er, während er die Kinotür hinter sich abschloss und hinaus in den Schnee ging. Du Pflänzchen, du dummes Luder. Was bist du mir in meine wundervolle Einsamkeit getappt?

Es war eine Nacht wie vor einem Festtag. Aus einer Kellerluke drangen die Töne einer Hammondorgel. Ein Säugling schrie. Und auf dieser Seite der Chaussee lief der Junge, um den sie alle Schlange gestanden hatten, eine Zigarette in der geballten Faust, die im Licht der Reklamen wie rohes Fleisch aussah. Er wartete, dass ein Feind seinen Weg kreuzte, damit er ihn erschlagen konnte.

Du hast sie vom Aussichtsturm gestoßen, dachte er. Gerade, als die Natur in die Knie ging und die Landschaft im Knochenweiß des Winters erstarrte.

Das Baby kreischte wieder. „Halt's Maul, du gottverdammtes Gör“, brüllte er in die Nacht. „Hör auf zu plärren!“

Er ging in eine der Bars, wo die vergessenen Jungs sich trafen. Ein rundlicher Neger, der aussah wie eine spaßige Puppe, stellte ihm Gin Tonic hin.

„Du warst schon ma da“, sagte er. „Ich merke mir jedes Gesicht. Damals wollteste Gin Tonic – warum nich auch heute? Du trugst ein Medaillon mit seltsamen Worten, die du mir nicht verraten wolltest. Verrätst du mir's heute?"

Álvaro kippte den Gin in einem Zug runter.

„Es war nichts Besonderes. Da stand nur ... ja, dass Schwäne singen, wenn sie sterben. Und dass es meist im Herbst geschieht. Im ersten Herbst nach vielen, vielen Sommern. Dass der Nebel sie packt und mit sich zieht und ihnen noch mal die Illusion des schönsten Sommertags vorgaukelt, den es für sie geben kann."

„Is doch 'n guter Spruch. Ist doch *goody-goody-goody*. Darf ich noch ma sehen? Das Medaillon, meine ich."

Álvaros Augen verengten sich, wie Risse in lebendigem Gewebe.

„Ich habe es nicht mehr", sagte er. „Ich habe es einem Schwan um den Hals gehängt, als er grad nicht aufpasste. Einer Schwanenfrau. Vielleicht bringt es ihr Glück – dort, wo sie jetzt ist."

Der Neger lachte, als würden nur er und seinesgleichen solche Witze verstehen.

"Und wo isse jetzt?", fragte er, ließ die Zunge heraushängen und hechelte wie ein Hund.

Álvaro zuckte mit den Achseln. „Das ist eine lange Geschichte. Krieg ich noch einen Gin Tonic?"

„Sag ihnen, ich bin tot …“

In einem Restaurant in der Upper East Side – ich kann mich an den Namen wirklich nicht erinnern – wies der Kellner mir einmal einen Tisch ganz hinten zu, über dem das vergrößerte Foto einer alten Frau an der Wand hing. Sie sah vernachlässigt aus; weißes, strähniges Haar reichte ihr bis über die Schultern. Auf dem Bild schob sie einen Einkaufswagen durch eine Ladenpassage. Sicher eine Obdachlose, dachte ich. Als dem Kellner auffiel, dass ich mich eingehender mit dem Bild beschäftigte, sagte er:

„Sie war einer unserer Stammgäste.“

„Lebt sie nicht mehr?“

Er musterte mich mit einem halbamüsierten Blick. „Ich glaube, man hätte davon gehört, wenn sie gestorben wäre.“

„Keine Ahnung. Ich kenne die Frau nicht.“

„Sie wissen jetzt zumindest, dass sie einer unserer Stammgäste war. Lassen Sie es damit gut sein.“

Wie immer, wenn ich in New York etwas noch nicht kannte oder kapierte, beschloss ich, Elijah zu fragen. Elijah war ein uralter kubanischer Neger, ein New Yorker Urgestein, der täglich um die Abendzeit mit einem Schachbrett am Times Square auftauchte, um sich an einem der leeren Tische die Zeit zu vertreiben, indem er Passanten zum Spielen einlud. Ich hatte schon sechs- oder siebenmal gegen ihn gespielt und immer verloren. Daraufhin vereinbarten wir, dass ich mich einfach zu ihm setzen durfte. Um andere, die wirklich am Spielen interessiert waren, nicht zu verärgern, bauten wir dazu ein Schachbrett auf und verrückten ab und zu eine der Figuren. Wenn Zuschauer kamen, vertrieb Elijah sie mit den Worten: „Geht, der Junge kann sich sonst nicht konzentrieren."

„Hi, Noah", sagte er an jenem Abend zu mir. „Dir geht etwas im Kopf herum, oder?"

Elijah sah so etwas auf den ersten Blick. Aus einem unerfindlichen Grund nannte er mich immer Noah, und ich hatte es aufgegeben, ihn zu korrigieren. „Du erinnerst mich nun mal an Noah", sagte er. „Ich meine nicht den mit der Arche. Ich meine den jungen Mann aus Italien, der in diesen Schmuddelfilmen mitspielt. Es ist leichter für mich, wenn ich dich Noah nenne."

Das Rätselhafte an der Sache war, dass ich tatsächlich einen unehelichen Bruder mit diesem Namen hatte, der lange vor meiner Geburt mit seinem Vater nach Italien ausgewandert war. Ich hatte oft versucht, Noah aufzuspüren, allerdings vergeblich, und wurde die Vermutung nicht los, er sei irgendwann in New York gewesen und habe mit Elijah Schach gespielt, so wie ich in diesen Tagen. Eine andere Möglichkeit bestand darin, dass Elijah vielleicht wirklich hellsehen konnte.

Die Leute hatten mich vor ihm gewarnt. Spiel nicht mit ihm, hatten sie gesagt, er kann dich verhexen. Tatsache war, dass Elijah der Santería-Religion zugehörte und mir oft nächtelang von den dienstbaren und weniger dienstbaren Geistern und Orishas erzählte. Ich schilderte ihm mein Erlebnis mit der Frau auf dem Foto. Sowie er den Namen des Restaurants hörte, sagte er:

„Das ist die Garbo. Die Frau auf dem Bild, meine ich. Greta Garbo."

„Nein, Elijah. Ich weiß, wie die Garbo aussieht, das kann sie nicht sein."

„Wenn ich dir's sage, sie ist es. Ich kenne das Restaurant. Ich kenne den Besitzer. Er hat heimlich ein Foto von ihr geknipst. Man kann sie manchmal beim Einkaufen beobachten, abends zwischen acht und neun, in der Seventh Avenue. Keiner weiß, wer sie ist."

Er hob einen Bauern vom Schachbrett und kratzte mit dem Daumennagel so etwas wie unsichtbaren Staub ab.

„Sie wird bald sterben", sagte er. „Sie wird sterben, wenn die Leute erfahren, dass sie das ist auf dem Foto. Wer einmal in *La Retirada* lebt, der darf nicht wieder zurückgerufen werden. Und wer so berühmt ist wie Greta (er sprach es aus wie den Namen einer alten Bekannten), muss zwangsläufig irgendwann nach *La Retirada* gehen. Du verstehst, was ich meine: *La retirada.* Rückzug. *La soledad.* Sag niemandem etwas von dem Foto."

Wir schrieben das Jahr 1988, und ich erwähnte mein Erlebnis nie einer anderen Person gegenüber. Doch nur wenig später erschienen Schnapsschüsse von der Garbo in Illustrierten, die genau jene alte Frau zeigten, diesmal mit einer Wollmütze, ungepflegt und nicht identifizierbar, eine Greisin wie tausend andere, die heimatlos in New Yorks Straßen leben. Irgendwann verließ sie ihre Wohnung überhaupt nicht mehr. 1990 starb sie.

In demselben Jahr verbrachte ich einige Wochen in Paris, und schon als ich am Flughafen ankam, sah ich am Kiosk eine Illustrierte im Aushang, die bei der Käuferschaft anscheinend auf regen Anklang stieß. Auf dem Titel: eine alte Frau im Rollstuhl, die kritisch und verärgert am Fotografen vorbeilinste. *Das hätte ich nie geglaubt*, hörte ich eine ältere Dame sagen, also kaufte ich mir ein Exemplar der Zeitschrift.

Die Frau auf dem Titel war Marlene Dietrich.

Ich hatte mich für die Dietrich immer interessiert. Ich wusste, dass sie seit Jahren zurückgezogen in einer Wohnung in der Avenue Montaigne lebte, auf Kosten der Pariser Stadtverwaltung, da sie pleite war. Und keine Fotografen mehr in ihre Nähe ließ. Das Bild, fotografiert vor dem mehrstöckigen Mietshaus, in dem sie wohnte, empfand ich als eindeutigen Übergriff.

„Da wird sie bald sterben", sagte Elijah, als ich ihm nach meiner Rückkehr im Herbst davon erzählte. „Es gibt viele Geheimnisse, die ich dir über *La Retirada* erzählen könnte. Elvis ist dorthin gegangen, in der Blüte seines Ruhms." Er trommelte mit den Fingern so heftig auf den Tisch, dass Königin und Dame umkippten wie ein ungeschicktes Paar beim Tanzen. „Er machte den Fehler, dass er zurückkehren wollte. Zurück in die Welt. Daran ist er zugrunde gegangen. Es gibt keine Rückkehr nach hier. Dir fehlt die Kraft, und du gehst daran zugrunde."

Ich zündete mir eine Zigarette an. Elijah konnte Tabakrauch nicht ausstehen, aber das kümmerte mich im Moment nicht.

„Sie saugen dich aus", sagte er. „Wie Vampire. Sie sehen ein Foto von dir auf dem Titel einer Illustrierten, sie erwarten, dass du bist, wer du nicht bist, und wissen nicht, dass sie damit im schlimmsten Fall deine Legende zerstören. Du musst nach ihrer Pfeife tanzen wie die Orishas nach dem Willen ihres Herrn und Meisters. Es gibt das Böse, Noah. Auch in deinen Augen habe ich es schon gesehen. Und jetzt mach die Zigarette aus."

Der Verkehrslärm am Times Square wurde von einer seltsamen Wolke in meinem Kopf geschluckt, einer Wolke aus Taubheit und Luftleere. „Bist du nicht auch in *La Retirada*, Elijah?“ fragte ich. „Ich meine, kein Mensch weiß, wo du wohnst, man kennt dich nur hier und mit deinem Schachbrett ...“

„Das ist meine Welt“, unterbrach er mich. „Eine andere gibt es für mich nicht mehr. Ich wäre ihr auch gar nicht gewachsen. Ich kann nur noch mit dem Stock gehen, und manchmal fällt es mir sogar schwer, mich am Tisch nach vorne zu beugen, um einen Bauern zu versetzen. Ich bin siebenundachtzig, mein Junge.“ Er musterte mich mit trüben Augen. „Irgendwie sagt mir eine Stimme, aus dir könnte mal was Besonderes werden. Aber sei wachsam. Wenn du spürst, dass in deinem Leben die Farben nicht mehr so kräftig leuchten oder du dich nicht mehr am Sommer erfreuen kannst oder nicht mehr nach Frauen sehnst ...“ Er lächelte. *„Soledad.* Sollte ich eines Tages nicht mehr mit meinem Schachbrett aufkreuzen, sag ihnen, ich bin tot.“

Tatsächlich wurde auch die Dietrich bald darauf zu Grabe getragen, ein Jahr später etwa. In jener Nacht blieben wir lange am Times Square sitzen, zündeten Kerzen an, und Elijah weihte mich endlich in die letzten Geheimnisse seiner Religion ein. Die Orishas wurden lebendig und tanzten um unseren Tisch. Schatten wanderten an den Häusern entlang, die keiner warf. Der Mond stand wie eine leuchtende Wassermelone über Manhattan.

„Merk dir alles gut, was ich dir gesagt habe“, sagte Elijah. „Eines Tages wirst du es gebrauchen können.“

Es folgte einer jener langen New Yorker Winter, in denen es für alte Leute beschwerlich ist, in die Stadt zu kommen. Wie die meisten Jüngeren fuhr ich auf Schlittschuhen zum Einkaufen, und manchmal kam ich an Elijahs Tisch vorbei, auf dem der Schnee eine immer dicker werdende Schicht bildete. Erst im April sah ich ihn wieder; er saß wie immer an seinem Platz, doch diesmal schien er betrübt zu sein.

„Stell dir vor", sagte er, „meine Enkelin in Kuba heiratet und will unbedingt ihr Großväterchen dabei haben. Wir werden uns ein paar Tage lang nicht sehen, Noah. Ich habe die Tickets schon gekauft." Er nahm meine Hand, seine war dünn und wie Pergament, und eine Träne glänzte in seinem Augenwinkel. „Kannst du mich zum Flughafen bringen?", fragte er. „Ich hab doch niemanden sonst."

„Mögen die Orishas mit dir sein."

Er lachte in sich hinein. „Ich sehe, du hast nicht alles vergessen."

Zwei Tage später begleitete ich ihn zum Kennedy Airport, trug seine Koffer und stützte ihn ab und zu, wenn seine gebrechlichen Beine nachzugeben drohten. „Dass Menschen irgendwann immer heiraten müssen", grummelte er, während ich ihn zur Gangway führte.

„Wenn ich in Havanna ankomme, muss ich noch ein gutes Stück mit dem Zug weiterfahren", sagte er.

„Bis wohin?" fragte ich. „Wo lebt deine Enkelin?"

Er winkte ab, dann schlurfte er mit seinem Gehstock die Stufen hinauf. Bevor er einstieg, drehte er sich noch einmal zu mir um, sah hinauf in die Wolken, als wolle er, dass meine Blicke seinem folgten, dann düste sein Flieger mit ihm davon.

Er kam nie nach New York zurück.

Antares

Zwei kleine Mädchen liefen am Autoscooter vorbei, und Lovro schnitt ihnen eine Grimasse. Hier war er der König und konnte sich solche Spielchen erlauben. Keiner übersah ihn, wie er da auf den Stufen saß, mit seinem roten Halstuch und dem samtblauen Filzhut. Zwei Stunden noch, dann war es wieder sein Job, Besucher zu befreien, die sich mit einem der kleinen Autos in die Ausweglosigkeit gelenkt hatten. Mit einer Hand natürlich, das sah lässiger aus. Aber am schönsten war es am Abend, wenn das Riesenrad und die Karussells leuchteten wie rote und grüne Götterspeise, weil die Musik es nicht anders zuließ. Viele hielten ihn für einen kleinen Aufschneider, doch seine Sinne waren wach und beeindruckbar.

Er war jetzt fünfzehn und kannte den Festplatz wie seine Hosentasche. Er kannte die Pärchen, die einträchtig kamen und zerstritten wieder nach Hause gingen. Die älteren Typen, die erzählten, wie viel besser das alles vor zehn Jahren noch war, und die dennoch jeden Tag wiederkamen. Die Kinder, die mit ihren Eltern auftauchten, und für die der Rummelplatz nichts war als ein Meer aus Süßigkeiten. Doch die Heukirmes, so sagte Lovros Großmutter, die Wahrsagerin Perla, sei noch viel mehr. Wenn es draußen kälter werde, könne man in unseren Augen lesen, wie viele unserer Sommerwünsche sich bewahrheitet hätten. Lovro wusste nicht so recht, ob sie weise war oder nur gern viel redete.

Es war erst sechs Uhr, aber einige Besucher trieben sich schon auf dem Platz herum, meist Jungs in Lovros Alter, die nicht wussten, was sie mit dem angebrochenen Tag sonst anfangen sollten. Er sah zwei vertraute Gesichter, die sich aus dem Farbenteppich schälten: Das eine gehörte zu einem kleinen, gedrungenen, das andere zu einem hochaufgeschossenen und mageren Jungen. Als sie Lovro sahen, grüßten sie von weitem mit seltsamen Gebärden, der Große pfiff durch die Finger, und Sekunden später standen sie sich gegenüber, gleich hinter der Autoscooter-Kasse, wo Cielito schon die kleinen blauen Rollen mit Wechselgeld anriss, und begrüßten sich herzlicher als das bei gewöhnlichen Jungen der Fall war.

„Ich hab mich mal schlau gemacht", sagte der kleinere, der pechschwarzes Haar hatte und eine weinrote Jacke trug. „Sie ist schon vergeben."

„Wer sagt das?"

„Hab's halt gehört."

Kathleen war in diesem Jahr schon jeden Tag mit ihrer Mutter hier gewesen – ein brünettes Mädchen mit staunenden Augen, das zu jedem nett war, aber sich mit keinem wirklich einließ. Bis jetzt hatte Lovro immer nur mit schreienden Mädchen zu tun gehabt, die bis zwölf Uhr wachblieben und qualmten wie die Matrosen, aber Kathleen war still und überhaupt völlig anders.

„Egal." Lovro spuckte in den Schotter. „Ich hab mir selbst ein Versprechen gegeben. Wir werden uns küssen, bevor die Heukirmes vorbei ist. Du wirst schon sehen, Rollo."

„Du hast nur noch die eine Nacht", sagte Jajko, der längere von beiden, dessen Mund entschieden zu breit für sein schmales Gesicht war. „Und dort wirst du bei deinem Onkel malochen müssen. Sieht also mau aus."

„Dort, wo ich maloche, kann jeder hinkommen, der mich sehen will."

„Wenn er will, ja." Jajko verdrehte die Augen. „ Du bildest dir ganz schön was ein. Aber gut, wenn es dir gelingt, sie heute Nacht zu küssen, kriegst du ..." Er zauderte.

„Na, was krieg ich?"

Jajko überschlug im Kopf, was er sich überhaupt leisten konnte. „Ein Bier. Und eine Fischsemmel."

Lovro tippte sich an die Stirn. „Ich krieg hier fast alles umsonst, du Spaßvogel."

„Gut. Dann Ehre und Bewunderung."

Lovro rollte mit den Augen. „Sag doch gleich, du machst mich zum König von Indien, das ist mir genauso scheißegal. Ich brauche nichts, verstehst du? Jedenfalls nichts, was ich von dir kriegen kann. Außerdem ist heute unsere Magische Nacht. Da sind alle Dinge möglich."

Eine magische Nacht – darauf wies auch das hektische Treiben der Schausteller hin. Seit zehn Jahren fand die Heukirmes auf dem Fischermannplatz statt, jedes Jahr, wenn der Sommer seine letzten Atemzüge tat, und seit zehn Jahren kämpften Fischermanns Anwälte mit Hilfe irgendwelcher Eingaben und Anträge dagegen an und trieben die ganze Stadtverwaltung in den Wahnsinn. Fischermann war der Betreiber der großen Bowlingbahn gleich hinter dem Festzelt, und er behauptete, der Duft von Popcorn und gebrannten Mandeln, das Geschrei der Leute in der Achterbahn und die laute Musik mache ihm seine Kunden abspenstig.

Ein wenig hätte Lovro ihn ja verstanden, wenn Fischermann nicht so hundsgemein gewesen wäre. Man konnte ihm zwar nie etwas nachweisen, aber vor zwei Jahren, in einem besonders heißen Sommer, waren auf dem Rummelplatz überall tote Fische versteckt worden, deren Verwesungsgeruch sich in der Mittagssonne zu nahezu giftigen Dämpfen auswuchs, und letztes Jahr krepierte der Hund von Lovros Onkel, des Festplatzbetreibers, an einem Stück Fleisch, das in seinem Bauch wie heißes Popcorn ballerte. Manche sagten, Fischermann sei mit dunklen Mächten im Bunde, ja man habe den Teufel gesehen, wie er zu seinem Schornstein ein- und ausgeflogen sei, und die alten Zigeunerinnen auf dem Festplatz bekreuzigten sich, sobald sie nur seinen Namen hörten.

Wie auch immer: Der Triumph der Schausteller, ihre Zelte hier aufschlagen zu dürfen, währte nunmehr zehn Jahre, ein Jubiläum also, und deshalb waren Perla und ihre Schwester Trauba auf die Idee mit der Magischen Nacht gekommen, und man hatte beschlossen, am letzten Tag der Saison den Fahrbetrieb einfach bis frühmorgens weiterlaufen zu lassen. Die Stadtkinder bekamen am nächsten Tag schulfrei, und auch die Gastwirte legten einen Urlaubstag ein, um sich das nächtliche Spektakel nicht entgehen zu lassen.

Nachts, so wusste Lovro, hatte der Rummelplatz einen besonderen Charme: wenn Schatten hinter den Buden umherwanderten, wenn der Nachtwind um die Ecken der Fahrgeschäfte blies, und die Lichter nicht wie sonst das Ende des Tages besiegelten, sondern davon kündeten, dass es jetzt erst richtig losging. Perla und Trauba hatten bereits siebzig Freikarten verlost und waren die großen Stars. Und Lovro freute sich bei dem Gedanken, dass bestimmt auch Kathleen mit ihrer Mutter hier auftauchen würde. Für so etwas schob man gern eine Spätschicht.

Er sah sie in diesem Moment, ganz allein, wie sie mit einer Tüte Apfelkandis über den Platz lief. Eine ihrer Haarsträhnen flatterte im Wind, und sie leckte sich die Finger. Lovro grinste, aber sie tat, als hätte sie ihn nicht bemerkt. Doch er sah sie aus den Augenwinkeln zurückschielen. Er ging ein paar Schritte auf sie zu.

„Darf ich mal reinlangen, Kathy?"

Sie zog die Tüte außer Reichweite. „Du hast bestimmt keine sauberen Hände."

„Weißt du, ob der Typ welche hatte, der sie dir verkauft hat? Und hat dein Freund immer saubere Hände?"

Sie runzelte die Stirn wie ein Hundewelpe, den das Licht blendet. „Spinnst du jetzt oder was? Ich hab keinen Freund." Sie fischte selbst ein Dutzend Popcorn heraus und hielt sie ihm in der geöffneten Hand entgegen. Er nahm sie einzeln weg, um immer wieder ihre Hand berühren zu können. Das letzte schnappte er mit dem Mund von ihren Fingern.

„Iiih ... du hast mich nass gemacht."

Er griff in seine Hosentasche und brachte zwei Chips für den Autoscooter zum Vorschein. „Sorry. Nimm das dafür. Aber fahr dich nicht in die Bredouille."

Sie betrachtete die Chips, als wären es Münzen aus einem exotischen Land. Dann tauchte in der Ferne die Silhouette ihrer Mutter auf, und sie lief ihr schnell entgegen.

Ralph und Jajko hatten alles beobachtet. „Immerhin ist sie käuflich." Jajko wischte sich das Breitmaul an seinem Pullover ab. „Du hast ihr zwei gegeben, stimmt's? Bist schön blöd. Bezahlst ihren Stecher gleich mit. Wer weiß, was für ein Affe das ..."

„Halt jetzt netterweise mal den Rand. Du weißt doch, was magisch bedeutet, oder? Und ich kenne hier immerhin eine ziemlich magische alte Dame."

Perla hatte keine Kristallkugel, sondern einen Briefbeschwerer aus Glas – ein Vieleck mit unüberschaubar vielen Flächen, in denen das Licht in allerlei Farben zerfiel. Die ganze Welt sei da drin gefangen, sagte sie immer, alle Menschen, alle Länder, alle Sterne. Als kleiner Junge hatte Lovro oft heimlich damit gespielt, mit den Farben des Regenbogens und der geheimnisvollen trüben Wolke, die manchmal durch das Glas trieb. Einmal war ihm das Ding aus der Hand gerutscht und zu Boden gefallen, doch der weiche Teppich in Perlas Wohnwagen hatte den Aufprall gedämpft, und keiner bemerkte je etwas davon – außer Perla. Die sagte seitdem immer, wenn sie ihn allein im Wohnwagen ließ: „Und bitte aufpassen. Du kommst jetzt in das Alter, wo die Hände größer sind als der Verstand."

„Ich sehe ein Mädchen, das den Mund voll kleiner, spitzer Nadeln hat", sagte sie mit ihrer schneidenden Stimme, die nicht gerade ein Publikumsmagnet war. „Aber die Nadeln wollen dir nicht wehtun. Sie durchdringen nicht ihre Zunge."

„Hat sie dunkle Locken?", fragte Lovro, der Perlas kryptische Antworten gewohnt war.

„Ja, wunderschöne Locken. Aber sie hält etwas vor dir geheim, mein Junge. Sie hält es geheim, um deine schwarzen Gedanken zu verscheuchen. Und um mit dir Katz und Maus zu spielen. Aber ihre Nadeln, wie gesagt, sind keine giftigen Nadeln, das Spiel wird gut ausgehen. Sie hat letzte Nacht von dir geträumt. Da ist ihr klar geworden, dass du ein Kind der großen und kleinen Wunder bist, falls du weißt, was ich meine."

„Ist da ein anderer Junge in ihrer Nähe?", drängte Lovro. Perla rückte so dicht an die Kugel, dass ihre Nase einen Abdruck hinterließ.

„Ich sehe ein Tier in Ketten", sagte sie. „Es wird aus seinem Gefängnis ausbrechen und euch wehtun wollen. Zu seiner Linken und zu seiner Rechten tanzen tausend Flammen. Sie können jede Gestalt annehmen. Das Tier schreit manchmal in seinem Gefängnis. Es ist ein Sohn des Ekels und der Schande. Den Rest musst du allein herausfinden."

„Hast du einen Zauber für mich?" Lovro wusste, dass seine Großmutter mit Hasenpfoten, bunten Schmucksteinen und kleine, in Acryl gegossene magische Formeln handelte, von denen jede ihren besonderen Zweck erfüllte.

„Du brauchst keinen Zauber. Du musst dir nur vorstellen, was du haben willst, und einen Grund finden, warum gerade du es verdient hast. Wenn du etwas zum Konzentrieren brauchst, nimm einfach irgendwas – einen Stein, eine Münze oder einen Chip für unsere Autoscooter. Das habe ich schon vielen Leuten geraten. Auf diese Weise haben wir auch mehr Chips verkauft." Sie kicherte wie eine durchtriebene, aber gutartige Hexe und blies eine unsichtbare Staubschicht von ihrem Kristallprisma. „Das ist eine wichtige Regel, mein Junge: Jeder Gegenstand ist so viel wert, wie du ihm an Wert beimisst. Nur der Teufel handelt mit Dingen, die eine Seele haben und eines Tages ihre eigenen Wege gehen wollen."

Zehn Minuten. Lovro trank noch eine Cola, schlang ein Stück Bratfisch hinunter und ging sicherheitshalber noch mal pinkeln. In zehn Minuten begann sein Job, da konnte er sich nicht dauernd davonschleichen, nur weil ihn die Blase drückte. Als er den Toilettenwagen betrat, sah er zwei Männer am Pissoir stehen, neben denen er sich nicht einreihen wollte (du kriegst immer Spritzwasser ab, als Jahrmarktsjunge weiß man so etwas). Nachdem er vor dem Spiegel nochmal sein Haar glattgestrichen und etwas Labello aufgetragen hatte, war der erste der beiden mit seinem Geschäft fertig, wandte sich um, und schon spürte Lovro zwei Hände auf seinen Schultern, schwer wie Bärentatzen. Joe Fischermann wog ungefähr eine Tonne, und sein Bauch wölbte sich aus den Rippen hervor wie ein dickes Federbett, das nicht richtig ins Laken passte. Lovro starrte in das milchfarbene Gesicht mit dem Besserwisser-Bärtchen, das sich beim Reden auf- und abbog wie der Kopf eines vorwitzigen Papageis.

„Was wollen Sie eigentlich von mir?“, sagte Lovro. „Das ist hier nicht Ihr Revier.“

Fischermann zog die Nase kraus, und man sah seine Zähne, auf denen immer eine Art Schmierfilm lag. Für einen Moment schien der scharfe Uringestank, der wie ein gestaltloser Nebel in der Luft hing, aus seinem Mund zu kommen.

„Du bist hinter dem Mädchen her“, sagte er. „Die Kleine mit den Locken? Die steht nicht auf fahrende Vagabunden. Die ist bereits meinem Sohn versprochen.“

Lovros Blick fiel auf die andere Gestalt, die sich noch immer weigerte, ihr Gesicht zu zeigen. Sie wirkte größer und weniger massig als Fischermann. Lovro fragte sich, was der Typ noch hier wollte; er hatte längst entwässert.

„Ich hab Kathleen noch nie mit einem Jungen gesehen", sagte er. „Sehr oft scheinen die beiden ja nicht zusammen zu sein."

„Sie ist versprochen, das heißt nicht, dass sie schon vergeben ist." Fischermanns hohe, drängende Stimme – das Erkennungsmerkmal aller Klugscheißer – schnitt durch seine Sätze wie eine ungeölte Bohrmaschine. „Du wirst ihm noch begegnen, dann kannst du dich mit ihm selbst auseinandersetzen. Und denk dran, er ist ein zivilisierter Mensch. Er wird sich die Hände nicht an einem Kirmesjungen schmutzig machen."

Von Fischermanns wuchtigem Körper gedeckt, setzte sich nun auch der andere Mann in Bewegung. Sie verließen den Toilettenwagen, und Lovro sah ihnen durch den geöffneten Türspalt nach, dann folgte er aus sicherer Entfernung. Sie durchquerten den Festplatz, ohne Augen für die Lichter und Farben zu haben, sprachen die ganze Zeit kein Wort, und als sie die Straße erreicht hatten, wartete auf der anderen Seite schon ein grüner BMW. Eine plumpe Frau mit peinlich enganliegenden Hosen stieg aus und hielt Ihnen die Wagentüren auf, als hätte sie es mit zwei Berühmtheiten zu tun. Fischermann drückte ihr einen Kuss auf die Wange, dessen feuchter Spuckestempel an ihrer Wange haften blieb wie ein Kainsmal.

Lovro hatte Fischermanns Frau erst ein- oder zweimal gesehen, auch jetzt fiel es ihm schwer, ihre Züge zu erkennen, doch ab und zu, nachdem er kurz weggeblickt hatte, war es ihm auf einmal unmöglich, zu unterscheiden, welches von beiden sie war und welches Fischermann. Sie ähnelten sich auf verblüffende Weise ... wie zwei Äpfel, die vom gleichen Baum stammten.

Wie Bruder und Schwester.

Die Nacht kam. Unruhige Lichter erhellten den Himmel über der Stadt und umtanzten den Mond, der sich in den nahegelegenen Park zurückzog, um sich ein Bett in den Baumkronen aufzuschütteln. Die Straßen waren leer, wie jedes Jahr zur Heukirmes. Die Sterne am Himmel funkelten bleich, als wären sie zu Eis erstarrt. Nur ein Mann mit einem Koffer lief unter den Laternen, und er schien es eilig zu haben.

Es würde seine Nacht werden. Die Nacht des Antares. Er hatte alles, was er brauchte; er hatte seine Tricks gelernt. Ohne sich umsehen, überquerte er die Straße, dann verschlang ihn der brühwarme Dunst der Sommernacht. Die wenigen Leute in dem Viertel, die zu Hause geblieben waren und zufällig am Fenster gestanden hatten, erinnerten sich später an eine breite Gestalt mit schleppendem Gang, die vor sich hinmurmelte und schwankte. Wie in Filmen die Zombies, wenn sie ihren Gräbern entstiegen.

Um zehn Uhr beschwerten sich die ersten Besucher, dass der ganze Festplatz vor Motten wimmelte. Sie flogen den Leuten in die Nasenlöcher und Ohren. Lovro wusste, dass die Zuckerwattemaschine manchmal Lebensmittelmotten anzog, doch die Mottenspur führte nicht wie vermutet zum Cotton-Candy-Palast, wo es süße Leckereien in allen Farben gab, von Maiglöckchen bis Wildkirsche; nein, sie sammelten sich auf den Stufen der Freitreppe vor Fischermanns Bowlinghalle. Dort stand, verdeckt von einem Rednerpodest, ein stämmiger Mann mit Koffer, den breiten Mund auf- und zuklappend wie eine lieblos geschnitzte Marionette, und sammelte mit seinem Geschrei eine große Gruppe von Leuten um sich.

„Wollen Sie Wunder sehen, meine Damen und Herren? Ich weiß, man glaubt heutzutage nicht mehr an Wunder. Bis man sie selbst erlebt hat. Ich kannte einen Mann – es war mein Onkel – der konnte Milch in pures Gold verwandeln, also was machte mein Onkel? Er hielt sich Kühe. Und ich kannte einen anderen Mann – seinen Bruder – der konnte Tiere zum Sprechen bringen. Und so hatten sie sprechende Kühe, aus denen sich Ströme von weißem Gold ergossen. Was will man mehr? Nun, ich als Nachkomme dieser wirklich einzigartigen Dynastie habe mir natürlich meine eigenen Tricks ausgedacht." Er näherte sich einem kleinen Mädchen, das in der ersten Reihe stand und himmelblaue Zuckerwatte schleckte. „Darf ich mal haben, meine Prinzessin?" Er riss ihr die Zuckerwatte einfach aus der Hand, ließ den Stiel auf seiner Hand tanzen und wirbelte ihn im Kreis, dann gab er dem Kind die Süßigkeit wieder zurück. Die Zuckerwatte hatte sich in blauen Schnee verwandelt.

Das Mädchen ließ die Zunge darüber gleiten. „Aber sie schmeckt jetzt gar nicht mehr nach Heidelbeeren", sagte sie enttäuscht.

„Nach Heidelbeeren?" Antares lachte, während sein Gesicht sich schwarzrot färbte wie das eines Puters. „Natürlich tut sie das nicht, du dummes Ding. Es gibt auf der ganzen Welt keinen Schnee, der nach Heidelbeeren schmeckt." Er starrte auf die Stufe, auf der er stand, als versteckte sich darunter ein Souffleur, der ihm die richtigen Worte zuflüsterte. Dann sagte er: „Wenn wir etwas verwandeln, wird sehr oft etwas Besseres daraus. Aber es hat auch immer einen kleinen Makel."

Das Mädchen, das nicht zu wissen schien, was ein Makel war, untersuchte seine Zuckerwatte genau, als könnte sie es auf diese Weise herausfinden. Ihre Finger waren klamm vor Kälte.

„Ich will auch eine Schnee-Watte", rief ein Junge aus der Menge.

„Du kriegst etwas anderes", sagte Antares. „Ich will die Leute ja nicht langweilen." Er reichte dem Jungen eine Papiertüte. „Bück dich und füll sie mit Steinchen. Na los schon, streng dich an, damit du einen kräftigen Rücken bekommst."

Die Steinchen klapperten wie Knochenstücke, als der Junge eine Handvoll davon in die Tüte fallen ließ. Auch ihm nahm Antares die Tüte blitzartig weg, um damit seine Kapriolen zu treiben.

„Was glaubst du, in was ich sie verwandelt habe?" fragte er.

„In lauter Goldstücke?" Die Augen des Jungen blitzten.

Wieder dieses schwarzrote Truthahngesicht. „Doch nicht in Goldstücke", herrschte Antares den Jungen an, „oder denkst du, ich bin ein Krösus?" Der Junge, der keine Ahnung hatte, was ein Krösus war, musterte ihn, als könne er es von seiner Kleidung oder seinen Haaren ablesen. „Dann weiß ich es nicht."

Antares' Gelächter klang wie das Bellen eines heiseren Hundes. „Popcorn natürlich", rief er, griff in die Tüte – und tatsächlich, da war Popcorn, tausend fluffige grüne und rote Flocken. Antares ließ es schneien. „Popcorn für alle!" Der Junge nahm die Tüte zurück, aß aber nichts davon.

„Will noch jemand ein Wunder erleben?", rief Antares und ließ seine Augen schweifen. Keiner meldete sich. „Gut, dann machen wir jetzt eine Pause. Aber dass ihr mir ja zurückkommt. Wenigstens einem will ich heute noch das Staunen beibringen."

Der Mann mit den schwarzen Stiefeln beobachtete ihn. Lovro tat, als würde er ihn nicht sehen. Jajko und Ralph übten sich am Kraftmesser. In diesem Moment tauchte Kathleen auf; zwischen ihren Fingern leuchtete einer der beiden Gratischips, die Lovro ihr geschenkt hatte. Sie stieg allein in einen Scooter, Lovros Onkel schnarrte seinen immer gleichen Text, die Musik setzte aufs Neue ein, die Fahrt begann. Etwa eine Minute später saß Kathleen fest. Lovro sah in die Gegenrichtung, aber da stand der Mann mit den Stiefeln. Er sah wieder zurück, aber da war noch immer Kathleen, die mittlerweile wie in Panik an dem kleinen Lenkrad drehte.

„Jetzt komm doch endlich und hilf mir", rief sie, hektisch mit den Armen rudernd. „Du siehst doch, was ich angestellt habe."

Ihre Augen trafen sich, und der Mann mit den Stiefeln verbarg sein Gesicht hinter dem Kragen seines Mantels. Lovro starrte ihn weiterhin an. Er hatte nichts zu verbergen.

„Warte, ich helf dir, Prinzessin", hörte er einen der anderen Fahrgäste brummen. Lovro fuhr herum, sprang auf die Fahrebene und zog ihn am Ausschnitt seines T-Shirts halb aus dem Wagen. „Sag nie wieder Prinzessin zu ihr. Du hast vom lieben Gott nur einen Satz Zähne bekommen, einen zweiten wird's nicht geben."

Er schubste ihn zurück in den Wagen, zuvor steckte er seinen Universal-Chip ins Zündschloss. Das war die Fun-Funktion für

Kunden, die man nicht ausstehen konnte. Der Wagen begann sich zu drehen wie ein Kreisel, war durch nichts zu bändigen, rammte jeden zweiten Wagen, der an ihm vorbeifuhr, und landete schließlich in einer ähnlichen Sackgasse wie der von Kathleen.

„Friedlich bleiben auf den billigen Plätzen“, dröhnte die Stimme von Lovros Onkel aus den Boxen, auch eine seiner Standardformeln, darunter mischte sich Kathleens genervtes Quengeln:

„Ich steige jetzt aus und laufe weg. Ich habe dich gewarnt.“

Er strahlte sie an. „Was krieg ich, wenn ich dir helfe?“ Dann sprang er auf den Gummiuntersatz des Wagens und fuhrwerkte mit beiden Händen am Lenkrad herum. Man musste eigentlich nur das Antriebsrad in die Rückwärtsstellung drehen und dann zurücklenken, das war alles. Aber Mädchen scheiterten da öfter mal.

Während er den kleinen Wagen wieder in Stellung brachte, spürte er Kathleens Kopf in seiner Ellenbeuge. Dass er wahrscheinlich – wie so oft hier auf dem Platz – nach Schweiß roch, schien sie nicht zu stören. „Du hast meine Frage noch nicht beantwortet“, sagte er.

„Ich weiß ja, was du willst. Nun mach schon.“

Ihre Lippen fühlten sich weich und warm an, und ein wenig Verzweiflung schmeckte man auch heraus: ein Hauch von Salz und einer ungeweinten Träne. Beide atmeten sie schwerer, geräuschvoller, drängender als zuvor. Fühlten sich benommen und gleichzeitig ratlos.

„Das ging jetzt aber flink“ sagte er und rieb sich die Wange.

„Jemand hat mich gewarnt, ich solle es auf keinen Fall tun, es würde mir sonst was Schlimmes passieren. Der Typ da drü... oh, jetzt ist er weg. Vor zwei Sekunden war er noch da. Sag mal, kann der zaubern?“

Wie eine Zusammenballung aus Dunst und Unheil stand auf einmal Lovros Onkel neben dem Wagen, an seiner Seite der Fahrgast, den Lovro aus dem Wagen gezogen hatte.

„Du bist für den Rest des Tages beurlaubt“, fuhr er Lovro an. „Und kriegst auch kein Geld. Dein Cousin übernimmt. Geh, wohin der Pfeffer wächst und denk über deine Untaten nach. Morgen ist die Welt noch lange nicht in Ordnung.“

Er wollte etwas zu Kathleen sagen, doch die war bereits eine Abzweigung weiter, im Schatten ihrer Mutter, die ihr wahrscheinlich gerade eine ähnliche Predigt hielt. Mein Gott, etwas Schlimmes sollte passieren, und sie sagte das einfach so daher. Er musste etwas für sie tun, bevor es zu spät war.

Da sah er, als er an der Treppe zum Bowlingclub vorbeikam, den Zauberer.

„Machen wir weiter, liebe Leute. Die Zeit ist wie eine Rakete, die man in den Himmel schießt – sie kommt nicht wieder.“ Es standen jetzt nur noch wenige Leute um den Mann herum, und sofort fühlte Lovro, wie kleine schwarze Augen ihn fixierten und nicht mehr losließen. Es waren dieselben Augen wie die des schmierigen Mannes am Autoscooter, der auf einmal verschwunden war.

„Du siehst auch nicht gerade glücklich aus, mein Junge. Komm schon, vielleicht kann ich dir helfen.“

Ob er ihn ebenfalls erkannte? Dann würde er jetzt sicher versuchen, ihm eins auszuwischen.

„Ich habe keine Probleme." Lovro krempelte sich entschlossen die Ärmel hoch und ließ seine Unterarmmuskeln hervortreten. Es war wie vieles, was er hier tat, nur Show, aber meist verfehlte es nicht seine Wirkung.

Bei dem Zauberer wirkte es nicht. Er kam ein paar Schritte auf ihn zu und streckte ihm die Hand entgegen. „Jeder Mensch auf dieser Welt hat Probleme", sagte er. „Bei dir scheint es Liebeskummer zu sein. Das sehe ich am Weiß deiner Augen. Wenn du Liebeskummer hast, färbt es sich gelb wie ranzige Butter. Komm doch einfach hoch zu mir." Er ergriff Lovro am Ärmel und führte ihn zu seinem Tisch mit den Requisiten. „Ei-ei-ei", sagte er. „Ei-ei-ei, sie ist aber auch ein schönes Mädchen. Das sehe ich, weil ich in deinen Kopf gucken kann. Dort ist ein kleiner Spiegel, der alles zeigt, was du gerade denkst. Was du brauchst, ist ein Liebeselixier. Du darfst es nicht selbst trinken, du musst es dem Mädchen geben, an das du dein Herz verloren hast. Dann wird sie Motten im Bauch bekommen." Er hob die Brauen. „Ei-ei-ei."

„Motten?" fragte Lovro. Antares drückte ihm ein kleines, mit einem Gummiring gesichertes Töpfchen in die Hand, das aussah, als wäre einmal Rum mit Früchten drin gewesen.

„Oh, das kann ich nicht erklären, das ist nur was für Erwachsene." Er lachte, wobei sich sein Bart nach oben krümmte, und reichte ihm das Fläschchen. „Ich schenke es dir sogar, schließlich ist ja der Tag, an dem eure Truppe zehnjähriges Jubiläum hat und ihr alle so glücklich und zufrieden seid." Er wandte sich an die Menge. „Dieser Junge ist nämlich der Spross einer Königsfamilie. Aber selbst Könige sind machtlos, wenn ihnen der gute alte Antares nicht hilft. Applaus, meine Herrschaften, Applaus!"

Nur einige wenige klatschten; der Rest ahnte, dass Antares soeben versuchte, einen Narren aus Lovro zu machen. Ich brauche kein Elixier, dachte er, ich schaffe allein, was ich will. Und vielleicht würde er heute Nacht in Kathleens Träumen sein, ebenso wie sie in seinen. Er tat, als wolle er das Töpfchen entgegennehmen, doch bei der Übergabe ließ er es fallen, auf die harten Steinstufen, wo es in viele kleine Splitter zerschellte, in denen sich Neon und der Widerschein der Buden und Fahrgeschäfte zu einer dicken Farbsoße vermischten.

„Was machst du da, du dummer Junge?"

Schwarze Brühe sammelte sich auf dem Boden, die nach Schimmel und Moder roch. Die Leute merkten, dass der lustige Teil vorbei war.

„Was ist das für ein Matsch?", fragte eine junge Frau mit Hut. „Was wollten Sie dem Jungen da geben?"

Antares bimmelte mit einem Glöckchen, um die Vorstellung für beendet zu erklären. „Ihr seid wirklich undankbare Leute", dröhnte er von seinem Podest. „Undankbar und unhöflich. Aber der Fürst dieser Welt wird seinen Anteil von euch fordern." Er setzte einen komischen blauen Zylinder mit Stern auf und stapfte die Treppe hinunter. „Ich habe es euch ja gesagt: In allem ist ein kleiner Makel enthalten. Manchmal sogar ein ziemlich großer." Wieder sah er Lovro an. „Oh, du dummer Junge. Du dummer, dummer Junge."

Schade, dass Lovro von seinem Onkel für den Rest der Nacht strafbeurlaubt worden war. Was jetzt wohl aus Kathleens zweitem Chip wurde?

Ihre Hand lag klein und weich in seiner, als sie am nächsten Tag über den verwaisten Platz schlenderten. Er kam sich ziemlich erwachsen vor und wäre am liebsten mit ihr so weitergelaufen, rund um die Welt.

„Meine Mutter war gekommen, da musste ich doch so tun, als wäre ich empört."

Er fischte eine Kippe aus seiner Tasche, und sie wollte sie ihm zum Spaß wegnehmen und auf das Dach der Bratwurstbude werfen, doch die Kippe prallte ab und rollte wieder herunter. Lovro hob sie auf und rauchte sie weiter.

„Hab wohl kein Zielwasser getrunken", sagte Kathleen.

„Vor allem hast du das schwarze Zeug nicht getrunken. Was ist eigentlich aus deinem zweiten Chip geworden?" Er kniff die Augen zusammen wie ein Detektiv, dem eine Unstimmigkeit aufgefallen war.

Sie kramte in ihrem silbernen Handtäschchen. „Den hab ich immer noch. Guck! Der ist inzwischen zu meinem Wunderchip geworden."

„Wieso Wunderchip?"

„Keine Ahnung. Vielleicht weil er von dir ist. Außerdem hat er eine schöne Farbe. Und du weißt ja, wenn man vom Jahrmarkt nach Hause kommt, hat man noch ewig Stimmen im Kopf. Und da hat mir die Stimme deiner Omi gesagt, dass er mir Glück bringen würde, ganz im Ernst." Sie ließ den Chip wieder in ihrer

Tasche verschwinden und grinste geheimnisvoll. „Vielleicht lass ich mir ein Medaillon draus machen. Für die Zeit, wenn wir mal nicht mehr zusammen sind."

„Na, jetzt sind wir erst mal zusammen. Fischermann erzählt übrigens herum, du wärst an seinen Sohn vergeben."

Sie lachte und tat, als müsste sie husten, ein typisch affektiertes Mädchenlachen. „Weißt du denn nicht, was mit seinem Sohn los ist? Sie verstecken ihn seit Jahren im Haus, weil er nicht richtig tickt. Hält sich für so etwas wie Jesus. Oder den Teufel. Oder beides."

„Weißt du, wie er aussieht?"

Sie zuckte mit den Schultern. „Sie sorgen dafür, dass niemand ihn sieht. Bloß in Regennächten soll er manchmal unterwegs sein. Oder wenn die meisten Leute nicht daheim sind."

„Okay. Reden wir über den Herbst, der bald kommt. Oder lass uns doch mal dorthin gehen, wo ich das Töpfchen auf den Boden fallen lassen habe. Vielleicht liegt es ja noch dort herum."

Es lag tatsächlich noch dort, doch die Scherben waren jetzt über die ganze Treppe verstreut, als hätte sich ein Wahnsinniger daran zu schaffen gemacht. Bei Tageslicht betrachtet sahen die scharfen Splitter kalt und bedrohlich aus.

„Was sind das für komische Fliegen?", fragte Kathleen.

„Das sind keine Fliegen, das sind Motten." Sie umschwärmten in großen Kreisen die Stelle, an der Lovro das Gefäß aus seiner Hand hatte rutschen lassen. Die Flüssigkeit hatte die Steine schwarz gefärbt, und mitten in der Soße lag ein fallengelassenes Stück Bratfisch, halb vergammelt schon und blutrot verfärbt.

„Ich wusste gar nicht, dass es fleischfressende Motten gibt“, sagte Kathleen.

„Du weißt vieles noch nicht.“

Von überall ertönte das Hämmern und Bohren der Arbeiter, die die Achterbahnen und Kettenkarussells in ihre Bestandteile zerlegten. Von einem Gerüst sprang ein Mann, der die großen, herzförmigen Reklamen des Zuckerwattepalasts in Händen hielt. Lovro sah ihm zu und fühlte sich ein wenig schwermütig. Aber der nächste Sommer kam bestimmt.

Daran glaubte man einfach, wenn man verliebt war.

Bevor die Zeit begann

All den vergessenen Gesichtern

Caleb ging gern in die Einsamkeit, manchmal für mehrere Wochen oder Monate.

Der New Yorker Frühling hatte ihn erst müde gemacht, dann nervös, dann fast in den Wahnsinn getrieben. Es war erst Anfang Juli, aber die ganze Stadt bereits wie kochender Brei. Wie so oft beschloss er, sich ein Auto zu mieten und einfach drauflos zu fahren. Es gab unzählige Orte, die er noch nie gesehen hatte, unzählige Begegnungen, die es noch zu machen galt. Zum Beispiel wusste er, dass in New Mexico noch eine Schwester seiner Mutter lebte, das älteste von vier Mädchen, die fast alle früh gestorben waren. Sie zu besuchen wäre ein kurzes Wiederaufleben seiner Kindheit gewesen, an die er sich nur nebelhaft erinnerte. Das Haus, in dem er aufgewachsen war, war voll gewesen mit gesichtslosen Verwandten – gesichtslos schon deshalb, weil man sich als Kind nur sehr begrenzt für Menschen interessiert.

Die Tante in New Mexico hieß Nora, und von Nora hatten alle zeitlebens gesprochen wie von einem zurückgebliebenen Kind. Sie hatte nie geheiratet und einfach in ihrer schmalen, scheuen Welt gelebt, irgendwo in einem Dorf am Rande der Badlands, das Autofahrer meist erst bemerkten, wenn sie bereits am anderen Ende wieder hinausfuhren. Sie beschäftige sich mit der Kabbala, hieß es, und sie betrachte Zahlen, Buchstaben und Namen als heilig, zumindest manche davon. Und so verließ er eines Morgens eine Frühstücksbar in Brooklyn, stieg in seinen geliehenen Chevrolet und stellte sich auf ein paar Tage im Land der Canyons ein, in einem Landstrich, der nur aus Dürre und Hitze besteht, unter einem Himmel, der auf deiner Haut Blasen verursacht wie kochende Milch.

Er ließ sich Zeit für die Fahrt, mietete sich nachts in Motels und Absteigen ein, wo er nur die ersten Nachtstunden schlief, um dann bis Sonnenaufgang vor dem Haus zu sitzen und in die Dunkelheit zu lauschen. In den Bäumen tummelten sich Heimchen, deren Gesang ihn an zu Hause denken ließ, an lange Sommernächte mit Eislimonade und schwitzender, schwatzender Fröhlichkeit. Manchmal sah er Liebespaare vorbeiflanieren. Kein abwechslungsreiches Leben, aber so ist sie, die Pfortader Amerikas, durch die das Blut sich quält wie Sand durch ein Stundenglas. Am vierten Tag erreichte er New Mexico.

Eine weiße Sonne stand hoch am Himmel, als er die endlosen Ebenen durchfuhr, in denen man nur alle heilige Zeit auf eine menschliche Ansiedlung stößt. Zu seiner Linken erhoben sich, unendlich weit entfernt, die Rocky Mountains. Magere Vögel, die wie hungernde Sträflinge am Wegrand saßen, warfen ihm skeptische Blicke nach, und einmal humpelte ein riesiger Geier vor ihm über die Straße, dem die Reste eines großen Kadavers noch aus dem Schnabel hingen. Es war unheimlich hier draußen, eine völlig andere Welt. Als lebten ruhelose Geister im Gestein, und wenn er ab und zu den Motor abstellte und ausstieg, um sich die Beine zu vertreten, hörte er die Stille noch lange hinter seiner Stirn hämmern.

New York war nur ein kleines Fleckchen, das es fast nicht gab, und das hier war Amerika: ein erschreckend leeres und weites

Land, das dort, wohin sich keiner je verirrt, den Geist seiner Ureinwohner nie so ganz hinter sich gelassen hat.

Es hatte ein Chevy sein müssen, das war er sich schuldig gewesen. Er liebte große, sportliche Autos, um vor sich selbst damit anzugeben. Jetzt wirkte der Wagen fast deplatziert, wie in einer surrealen Werbeanzeige. Um sicherzugehen, hatte er den Chevy noch ein zweites Mal in einer Werkstatt durchchecken lassen, hatte genügend Benzin und genügend Zeit mitgenommen, um hier draußen sein Leben zu reflektieren, die Tage mit seiner Familie, die ihm unter den Fingern weggebröselt war und ihn als einsamen Mann zurückgelassen hatte.

Er zog sein T-Shirt aus, um sich einzucremen. Ein Sonnenbrand, den du dir in diesen trockenen Landstrichen holst, fühlt sich an, als würden deine Innereien verkochen. Dein Fleisch bekommt Fieber, und da ist nichts, was dir Kühlung verschafft. So etwas konnte er sich jetzt nicht leisten. Ein paar Namen von Ortschaften, durch die er gekommen war, tanzten durch sein Gehirn und mutierten zu denen von Badeorten an der Ostküste, die er von seinem letzten Sommerurlaub hierher projizierte: windige Präludien, Kinderlärm und Frauen mit der Sonne im Nacken. Die Welt war groß.

Sein Spritzwasser ging zur Neige; immer öfter musste er aussteigen und die Windschutzscheibe mit der Hand reinigen, da der sandige Matsch, den die letzten Tropfen erzeugt hatten, von der Sonne sofort gebacken wurde wie Brot. *Ich Idiot,* dachte er, *warum habe ich daran nicht gedacht?* Sein wertvolles Trinkwasser wollte er nicht opfern, denn falls ihm wirklich etwas zustieß oder die Karre nicht mehr weiterfuhr, konnte nur Wasser ihm das Leben retten. Vielleicht.

Wieder stieg er aus. Er brauchte dringend eine Pause. Vor ihm erhob sich ein Felsen mit seltsam blauem Schimmer, nicht so steil wie die anderen Hänge, sondern stufenförmig ansteigend und bewachsen mit Grassternen, die an Wüstenspinnen gemahnten. Über dem Hügel trieb eine ziemlich grimmige graue Wolke. *Falls es regnet, will ich den ersten Tropfen schon früher kosten,* dachte er.

Er war im Klettern geschickt genug, um es zu wagen. Schon auf halbem Weg jedoch sah er, dass das Plateau nur der Sockel eines zweiten und dritten Plateaus war, und so schien es weiterzugehen, bis in den Himmel. Wieder landete er auf spärlicher Vegetation und Wüstensand, nur dass hier keine Straße verlief und die Sonne noch heißer brannte.

Er fragte sich, wann hier wohl zum letzten Mal jemand gewesen war. Er lief etwa eine halbe Meile, bis ihm klar wurde, dass es eine sinnlose Wanderung werden würde. Immer skurrilere Felsformationen wuchsen aus dem Boden wie kleine Knochen aus Röhrenknochen, und immer häufiger stieß er auf die Skelette von Tieren, die sich ihm entgegenstellten, als wollten sie ihm den Weg streitig machen: Schlangen, Raubvögel, andere Wüstenbewohner, die vielleicht schon seit Urzeiten hier herumlagen. Er beschloss, umzukehren, freute sich, wieder in seinem Auto hinter der verschmutzten Windschutzscheibe sitzen zu dürfen.

In diesem Moment jedoch sah er sie – gewaltig, monumental, aus dem Sand ragend wie eine Mahnung, die der Himmel schrie: menschliche Gerippe, seltsam verkrümmt wie gefallene Tänzer, im Niedersinken erstarrt. Manche davon sahen aus, als hätten sie vergeblich versucht, sich vom Boden abzustoßen. Es waren etwa vier oder fünf Skelette, die sich ein Areal von der Größe eines Baseballfelds teilten. Der vom Wüstenwind bewegte Sand um sie herum machte sie auf gespenstische Weise lebendig.

Zum ersten Mal erschrak er richtig. Die Gebeine von Menschen – das war eine Erinnerung daran, dass die Natur in dieser Einöde vor nichts Halt machte; dass der Tod seine Krallen in alles stieß, wahllos und mutwillig. Erst wollte er die Skelette genauer untersuchen, doch er scheute sich davor, diesen Gebeinen zu nahe zu kommen, als ginge etwas Altes und Schreckliches von ihnen aus, das sich wie eine Seuche an ihn heften würde.

Auch aus sicherer Entfernung war zu bemerken, dass diese Gerippe mit menschlichen Knochengerüsten nicht völlig identisch waren. Sie waren größer, mächtiger, wie die von zartgliedrigen Riesen. An den Schultern- und Rückenpartien befanden sich rätselhafte Fortsätze – Knochenstrukturen, wie sie bei normalen Menschenskeletten nicht vorkommen. Er schauderte. Für einen Moment hatte er das Gefühl, dort angekommen zu sein, wo die Zeit begann, wo alles seinen Anfang nahm. Vielleicht war er ja einer Urform des Menschen begegnet, die es längst nicht mehr gab: mächtiger, stärker, durchhaltefähiger als der Homo sapiens. Ihm war, als würden sie ihn sehen, als hätten sie mit ihm nicht gerechnet und wollten ihn nun zur Rechenschaft ziehen.

Er wandte sich um, verspürte ein sonderbares Kitzeln im Nacken, als er das Plateau vorsichtig wieder hinabstieg. Seine Knie zitterten, als er sich auf den Sitz seines Wagens fallen ließ und beschloss, all das zu behandeln, als sei es nur ein böser Traum gewesen.

Das Wasser in der Spritzanlage war jetzt völlig versiegt. Das letzte Gemisch aus Sand und Wasser hatte er abzustreifen vergessen, nun war es im heißen Wind zur gipsartigen Masse erstarrt. Er versuchte, sich mit einem Eisschaber zu behelfen, doch der Sand hatte sich bereits festgefressen und hinterließ Tausende nadelscharfer Kratzspuren. Er ließ den Wagen ein paar Meter weiterrollen, dann musste er erneut aussteigen, um die Scheibe mit seinem T-Shirt nachzupolieren, und langsam durchbrachen Sterne die Himmelsdecke wie Knospen. Er nahm einen Schluck Trinkwasser, das inzwischen so heiß war, als stamme es aus unterirdischen Quellen. Als er das nächste Mal am Straßenrand hielt, schlief er ein (oder war es eine Ohnmacht? Auf jeden Fall kein friedlicher Schlaf, eher das Gefühl, etwas würde ihn in seinen Sitz drücken und versuchen, ihm die Blutzufuhr abzuschnüren). Er blieb etwa eine Stunde so liegen, vielleicht auch länger, dann versuchte er, durch Pumpen die letzten Reste Spritzwasser aus dem Behälter in den Schlauch zu heben – doch es war nicht nötig.

Es kam wieder frisches, klares Wasser, als hätte er den Behälter soeben nachgefüllt. Seltsam, dachte er. Bin ich jetzt verrückt? Er schüttelte den Kopf, lachte und summte zu einem Lied im Radio mit. Vielleicht, so dachte er, war ja alles nur ein Traum gewesen.

Als er Noras Grundstück erreichte, war es schon weit nach Mitternacht. Er fühlte sich wie narkotisiert, die Scheiben seines Chevy funkelten im Licht eines schwermütigen Wüstenmonds.

Noras Haus lag am Rande einer nur aus wenigen Grundstücken bestehenden, aber langgestreckten Siedlung. Das Gebäude war von einem ungepflegten Park umgeben und wirkte mit seinem verwitterten Dach und den zerbrochenen Schindeln wie ein angeknabbertes Lebkuchenhaus. Ob sie sich überhaupt daran erinnerte, dass es ihn gab? Als Cal ihr das letzte Mal begegnet war, war er sieben gewesen – und sie bereits einer Welt zugehörig, die er nicht mehr verstand. Er beschloss, für alle Fälle seinen Pass bereitzuhalten.

Hinter dem Haus sah er eine Lampe, über die in regelmäßigen Abständen Schatten huschten. Sie schien noch draußen zu sein, auf der Hollywoodschaukel vielleicht. Da er das Knurren eines Hundes hörte, öffnete er das Gartentor vorerst nicht. Nach einer Weile erschien Nora selbst, eine trübe Funzel in der Hand, neben sich einen altersschwachen Beagle, der zweimal pflichtbewusst bellte und dann gähnend die Augen schloss. „Ist hier wer?", fragte sie, dann erschien ein Lächeln auf ihrem Gesicht.

Er hielt ihr den Pass über den Zaun. Sie schob seine Hand beiseite.

„Nun stell dich nicht so an. Ich vergesse nie ein Gesicht. Du bist Rebeccas Jüngster, oder?" Sie musterte ihn mit befremdlicher Miene. „Du läufst herum wie ein Hispano."

Ihm wurde bewusst, dass er sein von Sand verschmutztes T-Shirt einfach auf den Beifahrersitz geworfen hatte. Er war halbnackt, aber es störte ihn nicht, die Nacht war lau und lud förmlich dazu ein. Dennoch huschte Nora für ein paar Minuten ins Haus, um mit einem altertümlich wirkenden Rüschenhemd zurückzukehren.

„Zieh das an." Sie öffnete ein Lederetui mit Zigarillos und fischte zwei davon heraus. „Was führt dich in diese Gegend?"

Während er sich das Hemd überstreifte, berichtete er ihr von New York: dass er schon seit geraumer Zeit dort lebte, aber die heiße Jahreszeit in der Stadt nur schwer ertrug. Seine Blicke schweiften durch den Garten, wo ein kleiner, gurgelnder Bach das Grundstück einfach durchschnitt und anscheinend unter das Haus mündete. Die Nacht roch nach Flieder und aushauchenden Schwimmtagen. Zylinderförmige Sträucher ragten empor, als wollten sie der Welt den Mittelfinger zeigen.

„Du kannst gern mal einen Sommer hier wohnen", sagte sie. „Ich würde dich auch in Ruhe lassen. Meist sitze ich hier auf den beiden Baumstämmen, ganz allein mit mir, und spreche mit meinen Karten oder studiere die Torah. Und du ... könntest alles tun, was junge Männer in deinem Alter so reizt. In der nächsten Stadt gibt es Bars für jeden Geschmack." Sie seufzte. „Was machen eigentlich all die anderen? Ich bekomme keine Post mehr, von nirgendwo."

Sie unterhielten sich eine Weile über Cals Familie, in alle Winde verstreut, keiner von ihnen dort angekommen, wo er im Leben wirklich hinwollte. Unerlöste Geister, gedemütigte Herzen. Dann hielt Cal es nicht mehr aus, und er tastete sich zu seinem Abenteuer in der Wüste vor. Sein Blick flackerte, seine Stimme wurde heiser. Nora blieb ungerührt.

„Du bist hier in New Mexico, mein Junge", sagte sie und schenkte Caleb Pfefferminzbrause ein. „Roswell ist nicht so weit von hier entfernt. Ich habe diese Dinge alle miterlebt, vor vielen Jahren. Sie kamen in einer schwülen Nacht, aber keiner weiß, wo sie herkamen. Ein Raumschiff jedenfalls war es nicht, die Fotos zeigten wirklich nur Ballons mit Schallsensoren. Aber dann sah ich die Bilder von den kleinen Kindern ..." Sie schluckte und grub ihre Finger in das Fell des Hundes, der zu ihren Füßen auf dem Erdreich schlummerte. „Lieber Gott, sie sagten, es seien Fallschirmpuppen. Aber welcher Idiot stellt Fallschirmpuppen in Säuglingsgröße her? Und warum zeigte eins der Fotos ein Baby mit zwei Beinen, das nächste ein Baby, dem ein Schenkel aus der Hüfte gerissen war? Man sah das Blut und die Sehnen." Sie gab einen verzweifelten Laut von sich, und eine Spottdrossel im Park ahmte ihn nach. „Sie waren hier", sagte sie. „Und sie kommen noch immer. Welche Gegend eignet sich dafür besser als die Badlands? Manchmal habe ich das Gefühl, sie hätten eine Botschaft im Gepäck, aber irgendjemand wolle sie daran hindern, sie zu verkünden. Vielleicht sind sie aber auch nur neugierig und verspielt. Sie sind viel weiter entwickelt als wir. Wir sind für sie nur Versuchsmaterial. Lebenswertes Leben zwar, aber vernachlässigbar, wenn es zu Kollateralschäden kommt." Sie gähnte und sah verträumt zum Himmel, als wäre die Nacht voller Sternschnuppen. „Manchmal sehe ich ihr Licht dort oben, wenn ich allein im Garten bin. Ich glaube, sie blinken mir zu, weil sie die schrullige alte Jungfer irgendwie mögen. Aber Raumschiffe sind das nicht. Du hast es ja selbst gesehen, oder? Da waren keine Überreste von Maschinen oder Metall. Sie haben andere Transportwege als wir."

„Was denkst du, wie alt diese Skelette sind?", fragte Caleb. „Es kam mir vor, als würden sie schon ewig in der Sonne vor sich hinbleichen."

„Wer weiß. Wenn du einmal länger hier bist, lese ich dir die Texte vor, die ich aus dem Nachlass von Rabbi Hersch ersteigert habe. Auch darin ist von ihnen die Rede. Es scheint sie immer wieder hierherzuziehen, und das schon seit Jahrtausenden. Damals, heißt es, war die Erde ein Paradies, aber das ist wohl etwas zu romantisch ausgedrückt." Sie schob schmatzend ihr falsches Gebiss zurecht. „Paradies heißt ja nichts anderes als dass die Natur für sich selbst sorgt. Der Löwe reißt das Lamm, die Natter frisst die Brut der Rotkehlchen. Alle rotten sie sich gegenseitig aus. Aber erst wenn eine Spezies damit beginnt, *sich selbst* auszurotten, wird es gefährlich. Dann gehen die Paradiese verloren. Und die Luft wird dünn für unsere Freunde von den Sternen. Wo Paradiese aus dem Leim gehen, können sie nicht überleben. Sie verfallen einfach, alle Kraft weicht von ihnen, und was übrig bleibt, sind ihre ..." Sie schluckte. „ ... Gebeine in den Badlands." Sie seufzte und blickte auf eine Art Eieruhr, die neben ihr auf dem Tisch stand. „Aber wir reden und reden, und die Nacht ist schon wieder halb um. Unter dem Dach hab ich ein Zimmer mit einer Luftmatratze und ein paar Decken, dort kannst du schlafen. Morgen bin ich leider nicht hier, es ist der Tag meiner Exkursion mit Mina und Matilda, zwei alten Negerinnen, die genau wie ich den Baum des Lebens studieren. Aber denk daran, du kannst jederzeit wiederkommen."

Caleb taumelte wie ein Betrunkener, als er sich auf die Beine kämpfte. Die Strapazen des Tages forderten ihren Tribut. *Und ein tiefer Schlaf wird über dich kommen ...* Er dachte an die Stunden im Auto, in denen er wie bewusstlos gewesen war. Ob er einen Sonnenstich davongetragen hatte?

„Was meinst du, Nora? Soll ich dort noch einmal vorbeifahren? Mir alles noch einmal ansehen? Oder würdest du eine andere Strecke fahren?"

„Ich bin in meinem Leben noch nie gefahren." Sie schob ihm ein Deck mit Tarotkarten unter die Nase, und er griff blindlings nach der erstbesten.

Es war die *Mäßigkeit*, eine der sogenannten Schutzkarten, die den Erzengel Raphael zeigt, einen Fuß auf der Erde, den anderen im Wasser, wie er den Inhalt zweier Kelche zusammengießt, um etwas Neues, Lebendiges entstehen zu lassen. Es musste ein komisches Gefühl sein, einen Fuß im Wasser zu haben, den anderen auf dem Trockenen – ein bisschen so fühlte er sich jetzt auch, halb im Garten der Geheimnisse, halb schon wieder auf der Fahrt. Er kam nicht mehr zum Reden, denn Noras Mundwerk klapperte unermüdlich, in drei verschiedenen Sprachen, die sie einfach zusammenleimte wie Spielzeug aus mehreren Generationen. Als ihr Kopf endlich leer war, zog sie einen Dreidel aus ihrer Schürzentasche und begann, stumm damit zu spielen. Man hatte den Eindruck, sie würde mehr darin lesen, und Caleb sah den hebräischen Schriftzeichen nach, die sich immer langsamer bewegten, genau wie sein Verstand. Er stand auf und ging zu Bett.

Ein Felsen am Weg, blau wie Wasser, nicht zu verfehlen. Diesmal machte der Glanz ihn durstig, wie früher, als Kind, der Anblick des Meeres an heißen Tagen. Er fragte sich lange, ob er noch einmal halten sollte. Er betrachtete den Hügel im Rückspiegel, hatte ihn bereits hinter sich, als er vor den Scheiben seines Wagens Rauch aufsteigen sah – schwarzen, schmutzigen Rauch, der zweifellos aus dem Motorraum kam. Die Temperatur befand sich im Siedebereich.

Diesmal knallte er den Kopf aufs Lenkrad und hämmerte mit den Fäusten auf die Konsole ein.

„Okay, dann behalt mich doch, verdammte Wüste. Es gibt genug Geier, die mich längst gewittert haben. Du hast gewonnen. Ich werde jetzt da raufklettern und mich zu den Skeletten deiner verdammten Marsmenschen legen. Soll mich doch die Sonne versengen. Soll der verfluchte Sand in meine Luftröhre eindringen und mich langsam ersticken. Ich bin bereit."

Er warf die Wagentür zu, lief los und trat noch einmal den langen, steilen Weg nach oben an. Ein defekter Motor in der Wüste, welches Kompliment fiel einem da noch ein, um den Tod versöhnlich zu stimmen? Schon bald ragten die Gebeine wieder vor ihm auf, als wäre seit gestern keine Sekunde vergangen, als würde in den nächsten tausend Jahren nie eine vergehen. Der Wind blies ihm Sand in die Haare und vielleicht Staub von verwesten Leichen, der sich nie verflüchtigen würde. Noch immer hatte er Noras Tarotkarte vor Augen, die von der Harmonie der Dinge sprach, vom ewigen Ausgleich, der die Natur am Leben erhielt.

Diesmal wagte er sich dicht an die Skelette heran. Er berührte die harte, sterile Masse mit den Händen, spürte zwischen seinen Fingern den Hohlraum für die Gelenke, dann fiel sein Blick auf die seltsam geformten Fortsätze am Rückgrat, die er am Tag zuvor nur von weitem gesehen hatte. Auch diese Knochen wirkten stabil, und doch filigran im Vergleich zu den Rippen und Oberschenkeln.

Natürlich, dachte er, wie konnte ich daran nicht denken? Es waren einmal Flügel gewesen, gewaltige Schwingen, verbunden durch ein feines Netz aus grätenartigen Verbindungen, so dass man erst aus der Nähe sehen konnte, wie mächtig sie waren.

Und während er durch sie hindurchblickte wie durch ein Spinnennetz, überkam es ihn wie eine Erleuchtung: dass es keine Marsmenschen waren, deren Überreste er hier in der Wüste entdeckt hatte, sondern die Gebeine von Engeln. Die noch viele tausend Jahre nicht zu Staub zerfallen würden. Er schnappte panisch nach Luft. Zum zweiten Mal stand er hier, allein mit sich, dem Himmel, dem Sand und dem ungeheuren Schweigen des Ältesten Tags.

Er hörte seine Motorhaube knallen. Erschrocken näherte er sich dem Rand des Plateaus, um nachzusehen, was dort unten vor sich ging, doch er sah nur einen Blitz, ein unglaublich helles Licht, kalt wie bengalisches Feuer. Sterne wirbelten vor seinen Augen, die rotierten und verschmolzen und tausend neue, junge Sterne zeugten. Er ließ sich zu Boden fallen, denn er war geblendet, und der Abgrund klaffte nur wenige Meter entfernt.

Es musste vierzig Grad heiß sein. Aber er lag blind im Sand und zitterte und fror.

Sie müssen uns wirklich hassen, dachte er, als seine Augen sich allmählich erholten und er hinab zu seinem defekten Wagen stieg. *Und nun komm schon, Bruder Tod, schick deine Boten, dass sie mich mitnehmen.* Er drehte den Zündschlüssel, hatte beschlossen, ein Stück weit entfernt zu sterben, im Schatten des Berges, um nicht so schnell stinken und verwesen zu müssen.

Und da kam es auf einmal, wie frischer Regen. Da stand es vor ihm, *es*, das keinen Namen hat und keine Gestalt. Das schon existiert hatte, bevor diese Welt begann, und für immer existieren würde. Es kam wie ein Schrei aus dem Himmel, den er nur deshalb nicht hören konnte, weil er in der Wüste war, die jeden Laut verschluckte. Er befühlte seine Stirn. Sie war kühl und trocken wie nach einem erholsamen Schlaf. Er lebte, er schmeckte den Wind, er spürte das Atmen der Zeit.

Was zum Teufel ...!

Wahrscheinlich hatte ich recht mit dem Sonnenstich, dachte er. Es konnte gar nicht anders sein.

Er rieb sich den letzten Anflug von Blindheit aus den Augen. Die Ledersitze, das Lenkrad, die Karosserie ... alles war kühl wie eine Brise im April. Auch seine Schläfen, sein Puls, die dünne Haut in den Ellenbeugen. Sein Nacken kühl. Sein Atem kühl. Die Tränen, die ihm aus den Augen quollen, kühl.

Er startete den Wagen.

Kühl, kühl, kühl.

Kühl war auch die Luft, die durch das Gebläse in den Wagen drang. Das starre Lächeln der Artefakte in den Felsen. Das Wasser in seiner Feldflasche, das winterliche Weiß der Wolken, rund und weich, als wären sie schwanger.

Und so blieb es, bis er sich am Abend in einem Motel in El Paso einquartierte und dem nächsten Tag entgegenfieberte, wenn es auf breiteren Straßen weiterging, immer am Meer entlang, Richtung Osten.

Ein Indianersommer

If I'd a known before I courted
That love it was such a killin' thing,
I'd a locked my heart in a box of golden
And fastened it up with a silver pin.

(Traditional)

Sie hat ihr Kind verloren, das ist eine schlimme Sache. Verloren, bevor es geboren werden konnte. Harry hätte es heißen sollen, wie ihr Mann; nun ist keiner der beiden Harrys ihr geblieben. Das Kind, weil sie es wochenlang tot in ihrem Körper mit sich herumgetragen hatte, bevor die fürchterlichen Schmerzen einsetzten. Und der andere Harry, weil er über Nacht mit einem attraktiven jungen Mann verschwand.

VERA: Er war nicht mal in der Lage, meine Hand zu halten, als ich im Krankenhaus lag und mich gewissermaßen in einem Schockzustand befand. Er brauchte selbst jemanden, der ihm die Hand hielt – ein junger Pfleger erledigte das. Der kleine Harry war schon zum Teil verfault. So hatte ich ihn die ganze Zeit mit mir herumgetragen und den Leuten erzählt, dass ich bald eine stolze Mutter sein werde. Kannst du dir vorstellen, wie ich mir vorgekommen bin?

OF (nachdenklich nickend): Wie hast du überhaupt hierher gefunden? Ich stehe nicht im Telefonbuch, wir haben uns nie geschrieben, und plötzlich stehst du vor der Tür und läutest. Ich war echt ... überrascht.

Ihre Blicke schweifen durch mein Atelier: Bücher, Manuskripte, alte Zeitungen, nichts was eine Person neugierig machen könnte, die einem seit vielen Jahren zum ersten Mal wiederbegegnet. Sie murmelt ein paar Buchtitel vor sich hin, als suche sie nach dem richtigen, um mich von meiner Frage abzulenken.

VERA: Ich war zufällig in der Gegend. Nicht direkt, aber ... so fünfzig Kilometer von hier. Hatte noch ein paar Sachen in einer Wohnung stehen, die dort definitiv nicht hingehörten. (Sie grinst und trommelt mit den Fingern auf die Tischplatte.) Du warst übrigens nicht der einzige, bei dem ich Glück hatte. Erinnerst du dich noch an Flinty? Du weißt schon, der mit dem Muttermal am Hals. Er hat es sich inzwischen wegoperieren lassen, aber das war keine gute Idee, ich fand das Muttermal immer ziemlich sexy. Oder an Steve? Das Mathe-Genie? Mein Gott, er saß im Sessel und erzählte mir, dass er an Hodenkrebs leide. Er wollte mir von seiner Chemo erzählen, brachte sogar Fotos angeschleppt, aber ich sagte, mein Zug fährt in einer halben Stunde. Ach ja, und einen der Lehmann-Zwillinge konnte ich aufspüren: Lucky, den hübscheren von beiden. Sweet Lucky Lehmann! Er kam gar nicht zu Wort, seine Frau quatschte die ganze Zeit, sie wollte, dass wir zusammen essen gehen. Mache gerade eine Diät, sagte ich.

OF: Warst du bei keinem der Mädels? Siebzig Prozent unserer Klasse war immerhin weiblich.

VERA (winkt ab): Die heißen doch jetzt alle anders. (nach einer Pause) Stell dir vor, so ein Schlappschwanz – braucht einen jungen Pfleger, der ihn stützt und dem er sich fast auf den Schoß gesetzt hat. Er hat gezittert wie ein Hundewelpe.

OF: Noch einen schnellen Kaffee?

VERA: Jetzt nicht, vielleicht in einer Stunde oder so. Ich wollte dir doch noch erzählen, was ich im Krankenhaus durchgemacht habe. Die aufregendste Geschichte der Welt, ich schwör's dir. Vielleicht schreibe ich mal ein Buch darüber. Oder *du* kannst ein Buch darüber schreiben, wenn du willst. Es könnte ein Bestseller werden.

Und dann legt sie los. Ich höre immer wieder die Worte tot und verfault und keinen Arsch in der Hose und Kotze. Ihr Schicksal lässt mich nicht kalt, aber sie gibt mir keine Zeit zum Nachdenken, sie redet, wie ein Wasserfall, bla und bla und Arsch und Kotze. Vor sieben Monaten sei es passiert – *hat es dir niemand erzählt?* Anscheinend glaubt sie, hier in der Stadt würden alle in schöner Regelmäßigkeit an sie denken. In Wirklichkeit habe ich den letzten zwanzig Jahren kein einziges Mal an sie gedacht. Na schön, das ist gelogen. Ich habe zumindest an sie gedacht, wenn mir mein Lieblingsbuch von damals in die Hände fiel: *Keith und Bernadette. Eine Geschichte aus dem wundersamen Reich der Liebe.* Aber das war nicht oft. Es stand zuletzt ganz hinten im Regal.

Mein Blick irrt umher, verliert sich, strauchelt an der Bücherwand. Verfault und lebendig und Kotze und Arsch. Ich stehe auf und ziehe das Buch heraus, setze mich wieder ihr gegenüber auf den Stuhl; sie sieht, dass ich mich anderweitig beschäftige, aber sie registriert es nicht. Als sie am Ende eines der langen Kapitel angelangt ist, in die sie ihre Geschichte untergliedert, lächle ich und halte ihr das Buch unter die Nase.

OF: Kannst du dich an das erinnern?

VERA: Oh ... nein ... oder – doch? Ist es nicht das Buch, das du mir irgendwann zum Geburtstag geschenkt hast?

OF: Ja. Die Story von den beiden Kindern, die sich im Wald verirren. Du hast mir nie gesagt, ob es dir gefallen hat

VERA (die Augen zusammenkneifend, um das Cover des Buches genauer zu mustern): Oh ... bestimmt hat es mir gefallen. Ich weiß nicht mehr. Es ist so lange her.

OF: Sei ganz ehrlich zu mir – hast du es je gelesen?

VERA: Gelesen? Na, bestimmt. Also, ich *glaube*, ich habe es gelesen. Ich bin mir nicht sicher.

OF: Egal. Wenn du es nicht mehr weißt, hast du den Gag verpasst.

VERA: Den Gag?

Die Geschichte von Keith und Bernadette birgt ein großes Geheimnis in sich.

Keith war zwölf, als er in eine neue Schule versetzt wurde. Mit neuen Lehrern, neuen Kameraden, neuen Räumen, in denen es anders aussah und anders roch, nach Kälte irgendwie. Da er zu jenen Jungen gehörte, die sich zwar leicht von Menschen, umso schwerer aber von Straßen, Häusern und Bäumen trennen können, stimmte ihn das alles ziemlich traurig. Allein schon das neue Schulgebäude war ihm ein Gräuel: ein silbergrauer Klotz, glatt und steril, ein typischer Neubau aus den Tagen des sogenannten demokratischen Sozialismus. Und schon am ersten Tag kam es zu einer peinlichen Szene.

Er hatte sich im Sommer, als er auf dem Rummelplatz bei der Familie seiner Großmutter aushalf, die Haare lang wachsen lassen; es gehörte bei diesem Job einfach dazu, dass man verwegen aussah. So als würde man nachts bei den Tieren im Wald kampieren und sich ins Fell von Wölfen kuscheln. Sein Gesicht jedoch sah noch nicht sehr männlich aus, die Nase war noch klein, die Backen weich, die Lippen ein ständiger Schmollmund.

Obwohl Tante Tilda ihn rechtzeitig geweckt hatte, war er schlecht gelaunt und trödelte herum, so dass er sein neues Klassenzimmer erst zu Gesicht bekam, als die anderen Jungs und Mädchen längst auf ihren Plätzen saßen. Es roch nach feuchter Kreide und muffigen Hemden, und Keith versuchte, so flach wie möglich zu atmen. Er sah adrett aus, trug Jeans und weiße Turnschuhe, auch wenn das damals noch als schlampig und viel zu amerikanisch galt, und die ersten Sommertage hatten seine Haut goldbraun gefärbt, was zu seinem karamellfarbenen Schopf, der ihm bis über den Nacken reichte, einen gelungenen Kontrast ergab. Ratlos stand er vor der versammelten Klasse und fragte sich, wo er denn nun Platz nehmen solle.

Bei den Jungs war nur ein einziger Stuhl frei: in der dritten Reihe, neben einem großen kräftigen Kerl, dem Rotz aus der Nase troff.

Dort nicht.

Und während er noch überlegte, ob er seinen ersten Schultag vielleicht besser im Stehen verbringen solle, trat von hinten eine Lehrerin an ihn heran und legte ihre Hand auf seine Schulter.

„Setz dich ruhig. So groß ist die Auswahl an Plätzen ja nicht.“

Er hob die Schultern. Dann trottete er resigniert zu der Bank mit der Rotznase.

„Moment“, rief die Lehrerin und sprang ihm hinterher. „So geht das nicht. Mädchen sitzen neben Mädchen, Jungen neben Jungen.“ Sanft drängte sie ihn zur Seite und deutete mit dem Finger auf die letzte Bank, wo ebenfalls noch ein Platz frei war. „Hier, setz dich neben unsere liebe Freundin.“

Keith kniff die Augen zusammen und sah ein spöttisch grinsendes Mädchen mit Schrammen im Gesicht und breiten Fäusten wie ein Junge. Bernadette.

„Ist das Ihr Ernst?“ fragte er die Lehrerin.

Erst jetzt, wo sie ihn von vorne sah, bemerkte sie ihren Fehler. „Oh je, entschuldige. Aber so lange Haare bin ich bei einem Jungen nicht gewohnt. Willst du nicht mal zum Friseur gehen? Gut, setz dich neben Jonny Schumann.“

Diese Worte brachten eine neue Woge von Gelächter ins Rollen, diesmal in tieferem Grundton, so wie Erwachsene über schmutzige Witze lachen. Jonny Schumann war der Junge mit der Triefnase. Während Keith neben ihm seine Sachen auspackte, nahm er ihn zum ersten Mal genauer in Augenschein. Na gut, *den* hätte bestimmt keiner für ein Mädchen gehalten, der konnte froh sein, wenn er noch als Junge durchging: ein rotwangiger, untersetzter Rüpel mit schuppigen Lippen und Händen, breit wie Brötchen, auf die sich jemand draufgesetzt hatte, und speckig glänzendem Schorf im Gesicht. Keith betete, dass er nicht stinken würde. Er hatte eine empfindliche Nase und hätte unmöglich ein ganzes Schuljahr neben jemandem verkraftet, der provokativ vor sich hinmiefte.

„Okay, Jungs", hörte er Jonny sagen. „Dann passt mal schön auf, dass ihr euch nicht in ihn verknallt."

„Wieso gibst du ihm keinen Begrüßungskuss?" tönte es von hinten. Und ein Junge mit einem Wolfsrachen schnorchelte: „Hiermidh erghläre ich euch zu Mamm und Frau."

Und Bernadette? Sie hatte zu der ganzen Tragödie kein Wort gesagt. Noch einmal drehte Keith sich zu ihr um. Eigentlich war sie hübsch; keins der Mädchen zwar, die Schönheitswettbewerbe gewannen, aber süß und frech, mit rotblondem Haar und Sommersprossen. In der ersten Pause sprach er sie an, um den Schicksalsschlag, den er durchlitten hatte, noch einmal gemeinsam mit ihr aufzuarbeiten, doch sie ging wortlos an ihm vorbei. In der zweiten Pause versuchte er es noch einmal.

Diesmal *hatte* sie ihn gesehen.

Sie trat auf ihn zu, legte den Kopf schief wie ein trotziger Wellensittich, und er erwartete zunächst, etwas Witziges zu hören. Dann kam der große Dämpfer: „Hör mal zu, Junge, du meinst, weil du lange Haare hast, brauchst du nur hier reinzukommen und jeder hat nur noch Augen für dich. Ich sage es dir ehrlich: Ich kann mit Typen wie dir nichts anfangen. Zeig erst mal, was du drauf hast, dann können wir weiter diskutieren. Für den Moment aber ist es mir lieber, du verpisst dich."

Das hatte er noch nie erlebt. Offenen Widerstand. Jemanden, der ihm in die Augen blickte und von seinem Rang keinen Zentimeter an ihn abtreten wollte. Ihm fiel tatsächlich nichts ein, was er hätte sagen können.

Und es vergingen mehrere Monate, in denen er nach und nach mitbekam, dass Bernadette unter den Lehrern kein großes Ansehen genoss. Sie war vorlaut und ungezogen, ein Junge in

Mädchengestalt. Sie beachtete ihn kaum, und auch er zeigte sich nicht sonderlich bemüht, mit ihr ins Gespräch zu kommen. Ab und zu jedoch beobachtete er sie heimlich: Sie war ein Phänomen, ein Junge in Mädchengestalt. Sie prügelte sich sogar mit Jungs und behielt dabei nicht selten die Oberhand. Er staunte über die Behändigkeit, mit der sie ihren Gegnern auf den Rücken sprang und sich nicht wieder abschütteln ließ, während sie ihr armes Opfer mit ihren breiten kleinen Fäusten bearbeitete. Keith fragte sich ernsthaft, womit er sich bei ihr noch beweisen konnte. Alles, was er konnte, konnte sie auch, und wenn er sich mal mit jemandem anlegte, ging sie sofort dazwischen, als müsse sie die Sache für ihn klären, weil er selbst zu blöd war. Nach einer Weile mischte sein Interesse an ihr sich mit einer gehörigen Portion Hass.

Was er wirklich gut konnte (und sie wahrscheinlich nicht), war Klavier spielen. Er nahm Unterricht, seit er sieben war, und inzwischen hatte er sogar schon eigene Melodien komponiert. Er liebte die Musik. Egal ob er Erinnerungen nachhing oder traurig war oder im Sommer den Wolken zusah, wie sie zu Gestalten und Tieren und wieder zu Nichts wurden, immer war alles, was er erlebte, wie von Musik begleitet. In den Freistunden setzte er sich manchmal in einen der leeren Musiksäle, nur um für allein spielen zu können. Die anderen begriffen schnell, dass er dann nicht gestört werden wollte. Einmal jedoch – und sicherlich nur, um gegen diese Regel zu verstoßen – kam Bernadette zu ihm herein, und er befürchtete schon, es käme zu einer Szene, die bei ihm zu einer lebenslangen Spielblockade führen würde. Doch sie sah ihm nur eine Zeit lang über die Schulter und ging dann wortlos wieder hinaus. Er kratzte sich am Nacken, wo ihre Haare ihn gekitzelt hatten, blickte ihr nach, und ein verträumtes

Lied floss ihm aus den Fingern, das er zu Hause sofort in sein Notenheft übertrug.

Aber wo bei alledem ist nun das Geheimnis geblieben, das sich hinter dieser Geschichte verbirgt? Nun, es gab dieses Geheimnis, aber es ist noch nicht an der Zeit, es auszuplaudern. Wir müssen erst wissen, was damals alles geschah ...

VERA: Am besten, man lässt sich nicht mehr mit Männern ein. Jedenfalls nicht mit solchen Nullachtfuffzehn-Heinis. Du siehst ja, was für Langweiler sie alle geworden sind. Stehen alle unter den Pantoffeln ihrer Frauen. Würdest du dir so etwas gefallen lassen?

OF: Ich war nie in der Situation. Aber ich glaube, dazu bin ich auch nicht geboren.

VERA: Du würdest es dir *nicht* gefallen lassen. Du warst immer anders als die anderen Jungs. Allerdings ... (Sie mustert mich von oben bis unten, zieht einen Mundwinkel nach oben, und – was vielleicht mehr aussagt – den anderen nicht) du bist seit damals ganz schön pummelig geworden. Leonardo di Caprio hat sich auf diese Weise seine ganze Kinnpartie vermurkst. Trinkst du? Dann sieh zu, dass du von dem Zeug wieder wegkommst. Tu es dir zuliebe, und ... hast du Kinder?

OF: Bis jetzt nicht. Vielleicht irgendwann.

VERA: Schlag es dir aus dem Kopf. Bleib frei. Der Junge von damals wirst du zwar nicht wieder werden, aber vielleicht ... ein ganz neuer Junge. Halte dir alle Türen offen.

An einem jener Tage hatte Bernadette eine Auseinandersetzung mit Jonny Schumann, und er schlug ihr mit der Faust so heftig aufs Auge, dass sie offenbar nicht mehr richtig sehen konnte und auf dem Weg zu ihrem Platz zweimal stolperte. Sie weinte nicht, sie hätte nie geweint, aber es musste ihr wehgetan haben. Sie ließ sich vom Unterricht befreien.

Die Lehrerschaft schien den Vorfall verpennt zu haben, denn Jonny Schumann wurde nicht zur Verantwortung gezogen. Erst gegen Ende der zweiten Pause geschah es: Bernadette war auf einmal wieder da, neben ihr eine junge Frau mit kurzem Rock und hochhackigen Schuhen: ihre Mutter, wie man flüsterte. „Zeig mir diesen Jonny Schumann", sagte sie, und Bernadette führte sie geradewegs zu Keiths Pult, wo Jonny saß und sich gerade einen blutrünstigen Comic reinzog.

Um nicht versehentlich in den Krieg hineingezogen zu werden, der gleich ausbrechen würde, begab sich Keith zur Tafel. Bernadettes Mutter wirkte traurig und zugleich bitterböse. Als sie Jonny am Kragen packte und von seinem Sitz hochzerrte, erschien sie Keith wie eine Märtyrerin, der nicht viel am Leben lag.

„Wie kann man nur so feige sein?" Sie kam Jonnys Gesicht gefährlich nahe. „So ein feiger kleiner Idiot. Sie so zuzurichten – ein Mädchen. Du wirst eine Rechnung für die Arztkosten bekommen – und für nagelneue Kleider."

So hatte noch nie jemand mit Jonny Schumann gesprochen, nicht mal einer der Lehrer, die ihn hassten. Keith hingegen fand, es sei höchste Zeit gewesen, und am liebsten hätte er gejohlt und Beifall geklatscht. Doch schon geschah, was alle befürchtet hatten: Jonny nahm Rache. Er schubste Bernadettes Mutter von sich weg, stemmte seine massigen Fäuste in die Hüften, zog den obligatorischen Rotz hoch und spuckte aus. Zentimeterknapp an ihren Beinen vorbei.

Im Klassenzimmer war es mucksmäuschenstill geworden. Keiner sagte etwas, doch jeder hielt den Atem an, um kein Wort, keine Geste zu verpassen.

Da hielt Keith es nicht mehr aus. Er ging zurück an den Platz, den er vor ein paar Minuten noch aus purer Vorsicht verlassen hatte und kämpfte sich den Weg zu Jonny Schumann und Bernadettes Mutter mit den Ellbogen frei.

„Pass mal auf, Jonny", sagte er so langsam und leise wie möglich. „Ich hab allmählich echt das Gefühl, du legst dich gern mit Frauen und Mädchen an. Na schön, hast du nicht kürzlich selbst behauptet, ich wäre eins? Siehst du, aus diesem Grund fände ich es jetzt verdammt mutig von dir, wenn du dich mit *mir* anlegen würdest. Aber ich glaube nicht, dass du das tun würdest. Und soll ich dir auch sagen, warum? Weil ich in Wirklichkeit gar kein Mädchen bin. Und das weißt du genau, und alles, was kein kleines Mädchen ist wie Bernadette, davor scheißt du dich ein. Du hast keine Eier, das ist dein Problem."

Großer Gott, dachte Keith, was hab ich getan? Jonny klappte erst mal die Kinnlade runter. Für viele Sekunden, die sich zur Ewigkeit aufaddierten, sprach keiner ein Wort. Nur Bernadettes Mutter konnte er hören, wie sie im Hintergrund flüsterte: „Ist das etwa ein Junge?"

Dann grinste Jonny. Grinste dreckig, fett und gemein. Keith wusste genau, was er ihn jetzt am liebsten gefragt hätte: *Was, ich soll mich mit einem Mädchen prügeln?* – Aber das ging nicht, denn genau das hatte er ja vor ein paar Stunden tatsächlich getan. Und da der liebe Gott ihn bei der Intelligenzvergabe ein wenig stiefmütterlich behandelt hatte, fiel ihm so schnell auch keine gleichwertige Antwort ein. Er sagte nur:

„Okay, dreizehn Uhr. Nach dem letzten Läuten. Auf dem Sportplatz."

Während der letzten Unterrichtsstunde – es war Religion und nicht allzu spannend – malte Keith sich aus, was er mit dieser fetten Wanze alles anstellen würde. Am besten dasselbe, was er mit Bernadette und ihrer Mutter gemacht hatte. Ihm also zuerst die Faust aufs Auge knallen, sodass er Sehstörungen bekam und stürzte, um dann, wenn er bereits vor ihm am Boden lag und röchelte – noch einmal Spucke zu sammeln und raus damit. Schlatz! So in etwa. Aber vielleicht funktionierten solche Gedanken nur, solange der Pfarrer da vorne von Jesus und seinen Wundern faselte. Als es läutete und Keith sich wie in Zeitlupe von seinem Stuhl erhob, zitterten ihm die Knie, und sein Herz rebellierte und tobte wie einer, der wusste, dass seine Tage gezählt waren.

Um es kurz zu machen: Die Prügelei fand statt, und natürlich vermöbelte Jonny ihn aufs Erbärmlichste. Es waren eine Menge Zuschauer gekommen, die sich merkwürdig schweigsam gaben (denn Keith *durfte* man nicht und Jonny *musste* man nicht anfeuern) – aber wo zum Teufel war Bernadette? Keith war stinksauer. Wegen ihr – na ja, und ihrer Mutter vielleicht – hatte er schließlich Kopf und Kragen riskiert und sich mit dem gefürchtetsten Raufbold der ganzen Schule angelegt. Als er in jener Nacht zu Bett ging, war er stolz auf jedes Glied, das ihm schmerzte. Und vielleicht gab es ja eine Erklärung dafür, dass

Bernadette sich seinen mutigen Einsatz hatte entgehen lassen. Am nächsten Morgen, das war sein süßer Einschlafgedanke, würde sich alles aufklären.

Sie erwartete ihn bereits am Schultor.

„Pass auf", sagte sie. „Ein paar Worte nur."

Ein paar Worte nur? Mit solchen Sätzen leitete man für gewöhnlich keine Lobeshymnen ein.

„Ich weiß, dass du dich wegen mir gekloppt hast", sagte sie kühl und ohne eine Spur von Dankbarkeit. „Aber hättest du mich vorher gefragt, hätte ich dir ganz dringend davon abgeraten. Erstens weil du gegen Jonny Schumann sowieso keine Chance hast und nie haben wirst – und zweitens, weil ich meine Angelegenheiten selbst regeln kann. Hast du das kapiert?"

Er hatte das Gefühl, in die Luft gehen und losschreien zu müssen. „Ach ja? Und warum hast du dann gestern deine Mutter geholt? Meinst du etwa, *die* kann die Dinge für dich regeln?"

Einen Moment lang schien sie verlegen, doch ihr Gesicht färbte sich dabei nicht rot, sondern auf teuflische Weise schwarz. „Ich wollte ja nicht, dass sie kommt. Es war ihre Idee. Ich hab ihr den gleichen Text mit auf den Weg gegeben wie dir."

Er wollte noch nicht aufgeben. „Woher willst du überhaupt wissen, was sich gestern abgespielt hat? Du warst gar nicht dabei."

„War ich auch nicht. Es gibt Dinge, die reizen einen nicht mal, wenn man freien Eintritt hat. Aber das Wichtigste weiß ich: dass er dich rund gemacht hat."

Nach diesen Worten schwenkte sie herum und ging langsam, ganz langsam davon wie ein Cowboy nach einem gewonnenen Duell.

Nur jetzt nicht losheulen, dachte Keith, nicht jetzt. Nicht vor ihr. Und am besten gar nicht. Er ließ sie stehen und nahm seine Tränen mit auf die Schultoilette, wo sein Schluchzen ein gespenstisches Echo erzeugte.

„Was ist denn so traurig, junge Dame?"

Oh nein, nicht schon wieder diese Stimme, die nach Karies und schokoladeverschmiertem Mund klang. Jonny Schumann stand an der Tür, und Keith wusste, wenn er jetzt rauszugehen versuchte, würde Jonny ihm einfach den Weg versperren. Er suchte Ärger, wie immer. Seit gestern glaubte er anscheinend, Keith zu seinem Sklaven zu machen zu können.

„Ich weiß, warum du weinst", sagte Jonny. „Weil du dich verirrt hast. Das hier ist nämlich die Jungentoilette."

Keith sagte kein Wort. Er versuchte, die Tür zu öffnen, aber Jonnys Hand ruhte auf der Klinke, und es war sinnlos, dagegen anzukämpfen. Keith starrte ihn an. Zwei, drei, vier Sekunden lang. Dann war es wie ein Blitz, der in seinen Kopf einschlug. Er ging ein paar Schritte rückwärts, nahm Anlauf, preschte nach vorn und rammte Jonny das Knie in die Eier.

„Du bist an allem schuld", schrie er. „Du blödes Arschloch. Los, rette dich ins Pissbecken."

Jonny war noch damit beschäftigt, zu stöhnen und zu überprüfen, ob zwischen seinen Beinen alles noch an Ort und Stelle war, da baggerte Keith ihm von unten den Handballen gegen die

Nase. Diesen Schlag hatte ihm mal sein Cousin gezeigt, der Karate machte – und er war hochwirksam, wie sich zeigte. Jonny taumelte gegen eine der unverschlossenen Kabinentüren, verlor den Halt und landete mit dem Rücken auf der Kloschüssel.

„Reg dich nicht auf, du hast schon vorher gestunken“, zischte Keith, dann ging er hinaus. Er ließ sich vom Unterricht befreien, legte sich ins Bett und konnte zum ersten Mal seit Tagen wieder selbstzufrieden lächeln.

VERA: Dann tauchte der Teufel auf.

OF: Wie bitte?

VERA: Der Teufel. Hörst du schwer? Zum ersten Mal sah ich ihn, als ich eines Nachts zur Toilette ging. Harrys Schlafzimmertür stand einen Spalt breit offen, und er hatte die Nachttischlampe an, ein fahler Lichtkegel hing im Flur. Ich ging an seinem Zimmer vorbei, und plötzlich stand da jener halbnackte Kerl vor der Toilettentür. Rothaarig. Mit spitz zulaufenden Ohren. Wer zum Teufel sind Sie, fragte ich, aber er grinste nur. Er trug Boxershorts, und vorne, in der Genitalgegend, sah ich einen Blutfleck von der Größe eines Zweimarkstücks. Er war athletisch, groß und kräftig, und mit einem Mal verspürte ich Lust, vor ihm niederzuknien und ihm die Hose runterzureißen. Ich wollte wissen, woher dieses Blut kam. Ich bin Luke, sagte er, und mir war klar, es war die Abkürzung von Luzifer. Als ich am nächsten Morgen erwachte, hielt ich alles für einen Traum.

Aber Luke begegnete mir wieder. Er spukte von jetzt an regelmäßig in unserem Haus herum. Manchmal hörte ich seine Schritte auf dem Speicher, manchmal sang er irgendwo im Haus, ohne dass ich feststellen konnte, wo, und einmal sah er mir unten in der Waschküche beim Bügeln zu, linste durch die Glastür und wirkte so ernst und feierlich wie nie zuvor. Ich führte ihn an der Hand herein wie einen Blinden, legte mich flach auf den Boden und schloss die Augen. Erst hörte ich seinen Atem nur, dann spürte ich ihn auf meinen Lidern, und als alles vorbei war, fiel die Tür ins Schloss.

Sein letzter Besuch fand an einem Sonntag statt. Harry und ich frühstückten gerade, als ich durchs Fenster sah, wie er draußen im Garten umherging und Rosen pflückte. Er kam mit einem duftenden Strauß herein und drückte ihn mir in die Hand. Und Harry rief *Einbrecher, Polizei, wer-sind-Sie-eigentlich,* aber Luke sagte nur, du denkst, deine Frau weiß nicht, dass ich hier bin, aber sie weiß es sehr genau. Und jetzt hör mit dem Theater auf.

Ich drosch mit den Blumen auf Harrys Gesicht ein. Er zappelte, schrie *Aufhören* und *Hilfe,* weil ein Dorn ihn am Hals verletzt hatte, und Luke stand ein paar Meter entfernt und sah uns grinsend zu. Memme, zischte er, und überall wirbelten blutbefleckte Blütenblätter durch den Raum. Später hob ich eins davon auf und steckte es in eine Streichholzschachtel – als Beweis dafür, dass all dies wirklich geschehen war.

OF: Und? War es das? Ich meine, es klingt wie ein böser Traum. Wie Kafka. Oder *Alfred Hitchcock presents.*

VERA: Es war so. Ich erzähle dir keine Lügen.

Lass mich schlafen, das ganze Wochenende über, hatte er zu Tilda gesagt. Ich bin krank und brauche meine Ruhe. Und vergiss nicht, mir ab und zu das Thermometer in den Mund zu stecken. Er wusste, wie man es manipulieren konnte und genehmigte sich solche kranken Tage drei- bis viermal pro Jahr – immer wenn in seinem Leben Dinge geschahen, die ihn ratlos und müde machten.

Für gewöhnlich kam sie dann erst nachmittags, setzte sich an sein Bett und erzählte von alten Tagen. Doch an jenem Sonntagmorgen war alles anders: Punkt neun Uhr stürmte Tilda sein Zimmer und flötete ihr schultagmäßiges *Guten-Morgen-Zeit-zum-Aufstehen-Junge*.

„Was ist los?", brummte er im Halbschlaf. „Hast du vergessen, dass ich Fieber habe?"

„Deine Stirn ist so kalt, als hättest du im Kühlschrank geschlafen", sagte sie und streichelte sein Haar. „Und nun steh auf. Du hast Besuch."

„Ich habe ...?" Das Wort wirkte wie ein Eiswürfel auf einem bösen Zahn. Und aus einem unerfindlichen Grund dachte er sofort an Bernadette, sprang aus dem Bett und rannte barfuß, in seinem viel zu weiten Pyjama, hinaus auf den Flur.

Tatsächlich. Sie war es.

Aber sie war nicht allein. Ihre Mutter, heute zur Abwechslung mit Hosen und rustikalen Wanderschuhen bekleidet, war es, der Keith als erstes die noch bettwarme Hand hinstreckte. Bernadette, die hinter ihr stand, wirkte noch genauso verkniffen wie vor zwei Tagen, und als sie seine Hand eher wegschob als sie zu drücken, bekam er Lust, etwas abgrundtief Gemeines zu sagen, sie so richtig zu kränken. Nur Tildas Gastgeberlächeln hielt ihn davon ab.

„Sind ja erstaunliche Sachen, die man von dir hört", sagte Bernadettes Mutter. "Du hast dich tatsächlich geprügelt? Wegen mir – und ihr?" Sie deutete mit dem Kinn auf Bernadette, die gelangweilt ihre Fingernägel studierte.

Für einen Augenblick wünschte er sich, bei der Auseinandersetzung mit Jonny Schumann ums Leben gekommen zu sein. „Ich, äh ...? Das muss ... das ist ..."

„Stell dich nicht so an. Sie hat mir alles erzählt. War sogar ein wenig stolz auf dich. Sie sagt, aus dir wird bestimmt mal ein tapferer Kerl."

Bernadette war noch immer mit ihren Nägeln beschäftigt. „Gar nicht wahr", nuschelte sie.

Tilda wankte zur Bar und schenkte sich und Bernadettes Mutter ein Gläschen Sherry ein. Sherry trank sie sonst nur, wenn sie todtraurig war. Dann sagte sie zu Keith: „Stell dir vor, die beiden Damen haben uns zum Sonntagsausflug eingeladen – als kleines Dankeschön an dich. Kommen wir mit?"

Wehe-du-sagst-ja, signalisierte Bernadette ihm mit einem drohenden Blick. Und Keith nickte so zaghaft, dass er es später mühelos abstreiten konnte, dann verschwand er ins Bad und duschte.

Als er zurückkam, spürte er, dass ein besonderer Tag sich ankündigte. Tilda trug ihren riesigen, für Festtage und lange Bahnreisen reservierten Strohhut und hatte sich sogar die Fingernägel lackiert, während Bernadettes Mutter vor dem Spiegel stand, sich die Wangen nachpuderte und Bernadette ein kleines Taschenspiel in Händen hielt und damit beschäftigt war, mit flinken Handbewegungen zwei winzige Plastikmäuse in eine Falle zu bugsieren.

„Du hast dich ja richtig fein gemacht“, sagte Tilda. Na schön, er hatte seine coolsten Klamotten hervorgekramt: ein khakifarbenes Buschhemd mit kurzen Ärmeln (damals wirklich der letzte Schrei), verblichene Cut-off-Jeans (ein Geschenk von seinem Cousin aus Amerika) und blütenweiße Turnschuhe, erst eine Woche alt (er gab sein halbes Taschengeld für Schuhe aus). Die Haare hatte er sich nach hinten gekämmt, damit nicht gleich wieder alle auf die Idee kamen, er sei ein Mädchen. Aber sie hatten kaum das Haus verlassen, um stadtauswärts zu laufen, als seine gewohnte Ponyfrisur sich wieder ihr Recht erkämpfte.

Unterwegs wurde nicht viel geredet. Er hielt sich abseits, kickte Steine vor sich her, weil ihm das männlich vorkam, und spuckte ein paar Mal auf den Weg. Als es Tilda auffiel, fragte sie, was für neue Angewohnheiten das seien, und er wurde so wütend auf sie, dass ihm fast die Tränen kamen. Dann fachsimpelten sie und Bernadettes Mutter über Angewohnheiten. Bernadette wolle andauernd ihre Sommersprossen loswerden, sagte ihre Mutter. Sie schmiere Honig und Sahne drauf, weil das angeblich helfen würde. Daraufhin offenbarte Tilda ihr einige von Keiths Marotten, und er summte laut vor sich hin, um nicht jedes Wort zu verstehen.

Bald lag die Stadt hinter ihnen, und obwohl es hier draußen, im Reich der Gräser und Hummeln, keine Rolle spielte, wurde Keith das öde Sonntagsgefühl nicht los. Die Dörfer, durch die sie kamen, wirkten müde und verwaist, die Fabrikschlote, als hätten sie seit Jahren nicht geraucht. Außer ihnen war fast niemand unterwegs. Nur ein paar Bauern arbeiteten auf den Feldern, und einmal sahen sie im Schatten einer Ulme einen kleinen Jungen und ein viel größeres Mädchen, die sich umarmten und küssten wie ein Liebespaar. Bernadette stieß einen anzüglichen Pfiff aus, aber Keith tat, als fände er so etwas völlig alltäglich. Nach langer Wanderung gelangten sie schließlich an ein Gasthaus mit ein paar Tischen und Sonnenschirmen auf der Terrasse und beschlossen, Rast zu machen. Bernadette saß links hinten, er vorne rechts.

Sie bestellte Cola, und obwohl er auch gern eine Cola gehabt hätte, entschied er sich prompt für Apfelsaft. Daraufhin stornierte Bernadette ihre Cola und wollte auch Apfelsaft. Er sagte, du kannst meinen haben, ich nehme dafür die Cola. Sie brachten die Bedienung so durcheinander, dass nachher zwei Colas auf dem Tisch standen, aber kein Apfelsaft. Er fand es witzig, aber Bernadette verzog keine Miene.

„Na schön", rief Tilda, als sie leergetrunken hatten. „Wie wär's, wenn ihr beide euch jetzt ein wenig mit euch selbst beschäftigen würdet?" Im ersten Moment glaubte Keith, sie hätte Bernadette und ihre Mutter gemeint, doch es war so, wie sein Verstand ihm gleich darauf bestätigte: Die beiden *Kinder* sollten sich jetzt erst mal zurückziehen und *spielen*.

Und was blieb ihnen schon übrig? Keith und Bernadette standen auf, ohne Widerrede, und liefen zusammen in den Wald hinein.

„Ich kenne den Weg wie meine Hosentasche", sagte Bernadette, nachdem sie eine Zeit lang schweigend nebeneinander hergelaufen waren. „Ich war hier schon tausendmal."

Keith fand es erstaunlich, dass sie sich dazu herabgelassen hatte, als Erste zu reden. Er hatte fest geglaubt, um überhaupt ein Gespräch in Gang zu bringen, müsse *er* schon das Schweigen brechen, und in der letzten Viertelstunde hatte er verbissen über einen passenden Auftakt nachgegrübelt.

Sie spazierten am Rand eines Fichtenhains entlang, und schon zum zweiten Mal brauste auf einer Anhöhe hinter ihnen ein Zug vorbei, der kühle Luft heranwehte, frisch und würzig wie Seewind.

„Wenn wir immer an den Bahnschienen entlang gehen, finden wir jederzeit wieder zurück", sagte sie. „Warte, ich sehe mal nach, wann der nächste Zug kommt."

Mit wendigen Schritten erklomm sie den Hügel zu den Schienen, bückte sich und presste das Ohr an die Gleise.

„Wow, wie ein Indianer", sagte Keith, der jetzt zum ersten Mal das Wort ergriff. „Ich hab mal gelesen, Indianer können auf die Minute genau vorhersagen, wann der Feind mit seinen Pferden eintreffen wird. Sie spüren es an den Vibrationen des Erdreichs. Genial, oder?"

Bernadette zog eine gelangweilte Grimasse. Über ihnen am Himmel, fern wie die Sonne, brummte ein Flugzeug, und im Wald trällerten Vögel einen verliebten Choral.

„Vorerst *kein* Zug", stellte sie fest und sprang aus der Hocke. „Wir können es wagen. Gleich da drüben weiß ich einen Ort, an dem Walderdbeeren wachsen. Wirken Wunder, wenn du Durst hast. Kommst du mit? Oder hast du Schiss?"

„Schiss? Wovor?"

Bahnschienen konnten ihm keine Angst einjagen, sie waren ihm vertraut. Als Neunjähriger hatte er einmal an einer Mutprobe teilgenommen, die aus der verrückten Idee bestand, fünf Minuten lang auf den Geleisen zu laufen, in Fahrtrichtung der

Züge und mit dem strikten Verbot, sich umzudrehen. Er erinnerte sich gut: an die erste Minute, in der er stark war und furchtlos; die zweite Minute, in der er ein stilles Zwiegespräch mit dem lieben Gott anknüpfte; die dritte, in der seine Knie plötzlich weich wurden und jedes Geräusch – das Wispern der Gräser, das Brummen der Hummeln, das Krächzen der Krähen – dem Scha-ta-ta eines herandonnernden Zugs glich. In der vierten Minute – der letzten – plötzlich ehernes Schnauben, Millionen mal lauter als alle akustischen Täuschungen zuvor, so wie auch der Teufel, falls es ihn gab, wohl tausendmal hässlicher war als in den Büchern und Köpfen. Als das Rattern so ohrenbetäubend geworden war, als stürze der Himmel über ihm ein, war er gesprungen – gesprungen, irgendwohin; und sanft, atemlos – und lebend? ja, lebend – im weichen grünen Gras gelandet, im für immer geliebten Gras, wo Gott wohnte und die Erde warm war und gut und Liebeslieder flüsternd.

Jetzt staunte er über die Behändigkeit, mit der Bernadette den felsigen, unwegsamen Hang am gegenüberliegenden Ende des Bahndamms hinabglitt. Ihr leicht verrutschtes T-Shirt entblößte eine Schulter, die fast zu breit und ausgeprägt war für die eines Mädchens, aber gleichzeitig wie mit sanften Pinselstrichen skizziert. Zum ersten Mal seit er sie kannte, fiel ihm auf, dass sie für ihr Alter ganz schön viel Brust hatte.

„Wo bleibst du?" quengelte sie, als er den Hang ein wenig zaghafter in Angriff nahm als sie. „Wenn du dich nicht beeilst, waren andere vor uns dort und haben alle Erdbeeren längst aufgegessen."

Er ächzte und versuchte, die letzten paar Meter in *einem* großen Sprung zu bewältigen, doch kurz vor seinem Ziel glitt er ab und landete auf dem Rücken. Winzige Kiesel bohrten sich in seine Haut, und sein linker Fuß war umgeknickt und schmerzte wie die Hölle. Doch er biss die Zähne zusammen und wagte es sogar, ein weiteres Mal zu springen, wo er eigentlich ohne Weiteres hätte gehen können. Ein paar Minuten später knieten sie im verheißenen Land der Walderdbeeren; Bernadette hatte in ihrem Überschwang gleich ein paar Dutzend davon geerntet, und nun aß sie abwechselnd eine davon und schob die nächste in Keiths halbgeöffneten Mund.

„Das vorgestern mit Jonny Schumann", begann sie plötzlich. „Weißt du, ich hab behauptet, ich hätte nicht zugesehen, aber das war gelogen. Ich hab sogar alles viel besser mitbekommen als die anderen. Vom Klofenster aus, im ersten Stock. Da staunst du, was?"

Keith hatte versucht, nicht mehr über diese Geschichte nachzudenken; doch jetzt sah er sich gezwungen, alles noch einmal an sich vorbeiziehen zu lassen – diesmal mit Bernadettes Augen.

„Ziemlich lausige Vorstellung", sagte sie mit vollem Mund und spuckte ein versehentlich mitgekautes Blatt aus. „Trotzdem, ich fand's nicht übel, dass du dich getraut hast. Ich meine: Für so 'nen Dreikäsehoch, der lange Haare hat wie ein Mädchen, scheinst du ziemlich viel Schneid in der Hose zu haben. *Wärst* du eigentlich lieber ein Mädchen?"

„Nö", antwortete Keith. „Warum sollte ich?"

„Na ja, wir könnten dann gute Freundinnen werden", sagte sie achselzuckend und zog ihn strafend am Ohrläppchen, weil er ihren Finger soeben fast mitgekaut hätte. „Richtig dicke Freundinnen."

Er wartete, bis die nächste Erdbeere geliefert wurde, dann biss er sie absichtlich in den Daumen und grinste. Doch diesmal ging er straffrei aus.

„Das können wir doch auch, wenn ich ein Junge bin", sagte er.

Sie zog die linke Braue hoch, die noch immer gezeichnet war von Jonnys Attacke. „Ja, eigentlich schon. Aber bei Jungs und Mädchen ist das so, dass sie sich *immer* irgendwann ineinander verknallen. Das ist zwingend." Sie machte eine Pause, als warte sie auf Widerspruch. Die letzte Erdbeere zerquetschte sie auf seinem Mund und aß sie dann selbst.

„Könntest du dir vorstellen, in mich verknallt zu sein?" fragte sie.

Stille.

„Na, was ist? Hat's dir die Sprache verschlagen?"

„Ich weiß nicht", sagte Keith. „Ist doch egal. Auf alle Fälle find ich dich nett. Zumindest seit heute. Vorige Woche in der Schule hab ich dich regelrecht gehasst."

Sie nickte. Ihre Lippen waren mit Erdbeersaft verschmiert, und sie säuberte sie mit der Zunge, wofür sie sich alle Zeit der Welt ließ.

„Pass auf", sagte sie schleckend. „Ich kann dir das erklären. Ich gelte als das aufsässigste Mädchen der ganzen Schule. Da hat man seine Verpflichtungen. Stell dir vor, du hättest Jonny Schumann kleingekriegt – ich wäre erledigt gewesen."

Sollte er es ihr sagen oder nicht?

Er *musste*.

„Du hättest sehen sollen, was gestern los war", sagte er, wobei seine Stimme um mindestens zwei Oktaven in den Keller rutschte. „Du glaubst es mir wahrscheinlich nicht, aber ich hab Jonny auf der Toilette grün und blau geschlagen. Seitdem geht er mir aus dem Weg. Er hat Muffe bekommen." Obgleich er wusste, dass sein Triumph über Jonny Schumann nur dem Glück einer günstigen Sekunde zu verdanken war, bereitete er sich darauf vor, die Geschichte nochmal in allen wahren und unwahren Details nachzuerzählen. Aber Bernadette, oh Mist, ließ seine Begeisterung platzen wie einen Ballon.

„Erzähl keinen Schwachsinn", unterbrach sie ihn. „Zu mir kannst du immer ganz ehrlich sein. Ich hab dir doch vorhin gesagt, dass Mädchen und Jungs sich sowieso immer ineinander verlieben, und bei mir ist das so: Wenn ich dich sehe, sag ich einfach: Schau hinauf zum Himmel, wo die Vögel fliegen. Oder hör dem Wind zu, wie er heult: Buuuuh. Buuuuh. Ja, und dann mach ich ganz schnell die Augen zu – und du bist verschwunden."

VERA: Könntest du bitte das Radio einschalten?

OF: Jetzt mitten im Gespräch? Bist du sicher?

VERA: Ja, es ist so verdammt still hier. Wie du das erträgst, so ohne Musik und Fernseher. Vor allem nachts – das Holz knarrt, draußen gehen Schritte vorbei, über dir in der Wohnung plärrt ein Baby. Entsetzlich.

OF (am Radio drehend): Zufrieden mit dem Sender?

(Holly came from Miami, FLA, hitch-hiked her way across the USA ...)

VERA: Zufrieden. Also, Luke war weg, und Harry verschwand etwa zwei Wochen später. Eines Morgens, als er nicht zum Frühstück kam, ging ich hinauf und fand ein leeres Bett vor. Ich nahm an, dass er Luke hinterher reiste, um die ganze Welt, kreuz und quer durch alle Galaxien, aber es war mir auch klar, dass er nicht ewig wegbleiben würde. Sein ganzer Krempel stand noch hier rum, seine Bücher, seine dummen Silberreliefs aus Italien: Monte Sant'Angelo im Regen und so, er *musste* regelrecht wiederkommen. Doch lange Zeit wartete ich vergebens, und da war es auf einmal: das Ticken der Uhren, das Atmen der Wände, Schritte vorm Fenster - oder waren sie draußen, im Flur? Eines Abends stand ein fremder Mann in meinem Schlafzimmer. Er roch nach Herbst und nach verblühten Rosen, und sein Gesicht verbarg er hinter einem Schal. Ein großer Mann, viel größer als Harry, und tausendmal kräftiger. Ich schloss die Augen wie damals, in der Waschküche. Und diesmal ließ ich es geschehen. Es war phänomenal. Als hätte Gott es mir besorgt.

(Candy came from out on the island, In the backroom she was everybody's darling ...)

OF: Luke?

VERA: Er war jedenfalls der einzige, der einen Schlüssel hatte. Hätte nie gedacht, dass Schwule so auf mich abfahren.

OF: Wieso sagtest du vorhin, er war der Teufel?

(Guten Abend, liebe Hörer, hier ist der Evangeliumsrundfunk. Letzte Woche traf ich einen Mann, der frühmorgens immer Schwierigkeiten hatte, seine Kleider zu finden ...)

VERA: Weil er der Teufel *war*.

(Da kam ihm eines Abends beim Zubettgehen eine Idee: Ich könnte mir doch kleine Zettel schreiben, auf denen ich vermerke, wo ich jedes einzelne Kleidungsstück abgelegt habe.)

VERA: Weil mit ihm die Versuchung kam. Und das Blut. Und der Abschied. Alles, was sie böse nennen.

(So las er denn am Morgen nach dem Aufstehen: Die Schuhe sind unter dem Sessel – und da standen sie. Die Hose ist im Schrank – und da hing sie. Er schlüpfte hinein.)

VERA: Weil ich mit ihm den geilsten Sex meines Lebens hatte.

(Eines Morgens, nachdem er bereits fertig angekleidet war, fiel ihm jedoch ein, dass er etwas Wichtiges vergessen hatte: Wo um alles in der Welt bin ich *eigentlich? Wo kann ich* mich *finden? Doch die Antwort darauf, liebe Hörer, war auf seinen Zetteln nicht zu finden, da mochte er noch so lange suchen.)*

VERA: Das Böse kommt in unser Leben, wenn wir uns selbst nicht mehr finden. Es hinterlässt seine Schneise, und wir bleiben zurück, in einem Trümmerhaufen. Nichts ist mehr an seinem gewohnten Ort.

(Geht es uns nicht manchmal genauso? Dass wir uns selbst abhanden kommen? Dass wir suchen und suchen und uns nicht finden? Und wenn wir nicht einmal uns selbst finden können, wie sollen wir dann Gott …?)

OF (schaltet aus): Es reicht. Ich ertrage das nicht.

VERA: Meine Güte, was ist denn mit dir los? Du bist ja richtig reizbar. Das ist kein gutes Zeichen. Warum bist du so reizbar geworden? Früher warst du …

OF: ... genauso reizbar. Du hast es nur nie gemerkt, weil du die meiste Zeit nur mit dir selbst beschäftigt warst.

VERA (kopfschüttelnd) Kein Wunder, bei dieser Stille. Wer hält das schon aus? Mich würde es auch aggressiv machen. Na, wie auch immer – eines Morgens, es war noch nicht mal sieben, stand Harry vor dem Haus und hämmerte mit den Fäusten an die Tür. Viermal, fünfmal, sechsmal ...

„Vierundsechzig ... fünfundsechzig ... sechsundsechzig ... das war's. Das ist das offizielle Endergebnis: Du hast genau sechsundsechzig Sommersprossen."

Bernadette schielte misstrauisch zu ihm herüber. „Musst ja gute Augen haben."

„Hab ich ja auch." Er saß an einen Baumstamm gelehnt, und das Moos unter seinen nackten Beinen fühlte sich an, als würde es leben und verstehen und nur wegen ihm so grün sein. Bernadettes Kopf lag auf seinem Schoß, und beide atmeten sie den Duft von Waldmeister und Erdbeer, den der Wind von Zeit zu Zeit heranwehte.

„Meine Tante Tilda sagt, kleine Kinder bekommen Sommersprossen, wenn sie an heißen Tagen von einem Regenguss überrascht werden. Hast du das gewusst? Jeder Regentropfen malt einen Tupfen in dein Gesicht, für ewig und immer."

„So ein Quatsch", sagte Bernadette und presste die Lippen so fest auf seine Knie, dass ihr Atem zu warmem Wasser kondensierte. „Wieso haben dann nur Kinder Sommersprossen und Erwachsene so gut wie nie?"

„Hat seine Gründe“, erwiderte Keith. „Es gibt da nämlich eine todsichere Methode, seine Sommersprossen wieder loszuwerden: Man muss sie sich einfach wegküssen lassen. Von 'nem Jungen. Dann kann es ein paar Wochen dauern – und wusch! sind sie verschwunden. In deinem Fall wären also sechsundsechzig Küsse erforderlich. Dann könntest du deinen Sommersprossen Adieu sagen.“

„Völliger Schwachsinn.“ Ihr Körper versteifte sich, als wolle sie jeden Moment hochspringen. „Ich bin schon so oft geküsst worden, mindestens fünfmal auf jede verdammte Sommersprosse. Wieso zum Teufel sind sie dann immer noch hier?“

„Weil es nicht mit jedem Jungen funktioniert“, sagte Keith und versuchte verzweifelt, sie irgendwie festzuhalten. „Es geht nur bei Jungs, in die du verliebt bist. Bei anderen ist es hoffnungslos.“

„Pfff, meinst du etwa, ich war noch nie verliebt? Du lügst ja.“

„Tu ich nicht.“

„Tust du schon.“

„Tu ich nicht.“

„Dann beweis es mir.“

„Beweisen? Wo zum Teufel soll ich jetzt 'nen Jungen herkriegen, in den du verliebt bist?“

„Ach, lass dir doch selbst was einfallen.“ Resigniert sank ihr Kopf dorthin zurück, wo Keith ihn haben wollte. Und schon war es wieder da, das Sommergefühl.

Jetzt sag es. Los, mach schon, verdammter Feigling. Wenn du es jetzt nicht sagst, war alles umsonst: die Erdbeeren, spuck sie wieder aus; der steile Weg hier runter, lass dich von einem Hubschrauber zurückfliegen; geh nach Hause. Oder mach jetzt.

„Hmmm ... wenn du nichts dagegen hast, kann *ich's* ja mal versuchen."

Ganz ähnlich hätte er sich gefühlt, wenn er sie darum gebeten hätte, von seinem Badewasser zu trinken oder seine Turnschuhe zu verspeisen. Bernadettes Brauen stiegen hoch wie unter Wasser getauchte Ballons. Dann zog sie seinen Kopf zu sich hinab – und riss ihm die Dramaturgie aus der Hand, indem *sie ihn* küsste. Und dies – da er keine Sommersprossen hatte, die einer Therapie bedurften – mitten auf den Mund. *In* den Mund *hinein*. Er spürte, dass da plötzlich viel mehr Spucke war als sonst, und das war nicht alles seine eigene, es schmeckte fremd und aufregend. Instinktiv begann seine Zunge zu arbeiten, in langsamen, kreisenden Bahnen. Dann trat Bernadette ihm gegen das Schienbein.

Sein Kuss floh wie ein Sperling hinauf zum Himmel, explodierte zwischen den Wolken, und tausend Federn schneiten herab.

„Bist du verrückt?" schrie er und stieß sie weg. Er hatte plötzlich gute Lust, allein zu dem Wirtshaus zurückzulaufen und sie hier draußen allein zu lassen. „Musst du so hundsgemein sein?"

„Du wolltest mich beißen", sagte sie und presste die Lippen aufeinander, als wolle sie nie wieder einem Jungen erlauben, ihren Mund auch nur zu betrachten.

„Wollte ich nicht."

„Wolltest du doch."

„Wollte ich nicht."

Sie sprang auf, stand jetzt über ihm, als wäre er ein Stück Beute, und diesmal traf ihre Fußspitze sein Knie. Jetzt reicht's, dachte Keith, streckte das Bein und ließ sie stolpern, und im nächsten Moment rollten sie als keuchendes, ineinander verschlungenes Bündel den Hang hinab. „Fünfzehn ... sechzehn ... siebzehn", zählte Keith, während er ihr einen Kuss nach dem anderen ins Gesicht presste. Sie kicherte und versetzte ihm Kopfstöße, die er ungerührt hinnahm. „Siebenundzwanzig", keuchte er, als sie unten ankamen.

Viel später, als die Sonne schon rot war und die Silhouetten der Vögel mit dem Himmel verschmolzen, lagen sie am Ufer eines kleinen Sees, jeder so fest in der Umklammerung des anderen, dass ihre Kleider völlig durchgeschwitzt waren und der Wind, der ihnen in den Nacken blies, sich kalt anfühlte wie ein Schneesturm.

„Komm", ächzte Bernadette. „Es reicht. Stürzen wir uns ins Wasser."

Er entwand sich ihrem Griff, stand auf und stellte fest, dass seine Arme voller Abschürfungen und Kratzwunden waren. „Ins Wasser? So ganz angezogen?"

„Ach du liebe Zeit!" Sie sprang hoch und hämmerte sich mit der Faust gegen die Stirn. „Siehst du das da?" Ihre Finger deuteten in Richtung seines Hosenschlitzes. „An dieser Hose ist vorn ein kleiner silberner Knopf, und stell dir vor, den kann man aufmachen, und dann rutscht – simsalabim – die ganze Hose runter. Versuch's mal."

Als sie sah, dass Keith rot wurde, fügte sie hinzu: „Und wie's darunter aussieht, interessiert mich ebenso wenig wie Weihnachten auf dem Mond. Klar?"

„Ist ja gut." Er zurrte an seinem Reißverschluss, löste den kleinen magischen Silberknopf – und tatsächlich: Weihnachten auf dem Mond oder Nationalfeiertag auf Hawaii – als sich beide, Keith und Bernadette, splitternackt gegenüberstanden, hatte keiner genügend Mut, den anderen eingehender zu mustern. Nur verstohlene Blicke ab und zu zeugten von einer gewissen Anteilnahme.

„Na, immerhin steht jetzt endgültig fest, dass du kein Mädchen bist", feixte Bernadette nach einer Weile. „Los, schwimmen wir. Mal sehen, wer schneller drüben ist."

Mit einem lauten *Platsch* ließ sie sich ins Wasser fallen; nach ein paar Sekunden folgte, wie ein verspätetes Echo, das *Pisch* von Keiths Sprung. Sie würde als erste am anderen Ufer sein, klar; Keith schluckte zweimal tüchtig Wasser und solange er hustete, gelang es ihm nur unter Mühen, weiterzuschwimmen. Mit mindestens einer Minute Verspätung krabbelte er schließlich ans Ufer, um von Bernadette sofort wieder zurückgeschubst zu werden. Beim zweiten Mal versuchte sie es wieder, doch diesmal hielt er sie fest, und schon tummelten sie sich wieder gemeinsam im See, bespritzten sich mit schlammigem Wasser und versuchten, sich gegenseitig unterzutauchen.

„Du kommst hier nicht lebend raus", kreischte Bernadette.

Später, als sie längst wieder Kleider trugen und am Ufer die letzten Sonnenstrahlen aufsogen, sagte sie: „Ich will dich ja nicht ärgern, aber: Sollte dich mal ein Krokodil verfolgen oder ein Hai oder das Ungeheuer von Loch Ness" – ihre Stimme klirrte geradezu vor Übermut – „und vorausgesetzt, du willst wirklich überleben: Dann lass dich auf den Grund sinken und lauf so schnell du kannst."

„Ist ja schon gut." Er grinste und schüttelte den Kopf. Sie zog ein Päckchen Zigaretten aus ihrer Tasche, das von ihren Kämpfen und Versöhnungsversuchen so plattgewalzt war, als wäre eine Büffelherde darüber hinweggefegt, dann zündete sie zwei Zigaretten gleichzeitig an und reichte ihm eine davon. Der Filter war ziemlich angeschnullert.

„Findest du das eklig?" fragte sie.

„Quatsch." Er nahm einen tiefen Zug. „Ich meine, ich hab dich vorhin geküsst, und ..."

„Nur auf meine Sommersprossen."

„Ja, aber wir haben uns doch auch ..."

„Das vergessen wir besser. Im Übrigen: So schlecht schwimmst du gar nicht. Du hattest nur das Pech, es mit einer zu großen Portion Wasser aufzunehmen. Wenn ich Wasser schlucke, kann ich auch nicht schnell schwimmen."

Sie saßen auf einem Holzstoß, und Bernadette hatte die Beine übereinander geschlagen und wippte mit den Zehenspitzen. Da sie beide ziemlich hungrig waren, tat der Tabak sehr schnell seine Wirkung, und Keith fühlte sich leicht und heiter und frei. Über alle missglückten Witze, die Bernadette machte, kicherte er wie ein kleiner Junge, und einmal trieb es ihn sogar dazu, aufzustehen und an einem breiten Kiefernast ein paar Klimmzüge zu machen. Der Sommer war in ihm. Sacht glitt ein Vogel vorbei und nahm ihn mit: hinauf, der Sonne entgegen, die warm und rot ins Herz der Hügel sank. Und so flog er. Die Dämmerung reifte zur Nacht, und ein Feuerwerk wäre jetzt großartig gewesen, ein nächtliches Spektakel mit Myriaden von Lichtern und siebenköpfigen Drachen und einem durchs Weideland der Sterne galoppierenden Pegasus. Und weiter, bis zum Mond, und nach den Sternschnuppen kommen die Träume; siehst du den Sandmann, er wiegt mich in den Schlaf, er sagt auch Gute Nacht zu Bernadette, die in meinen Armen liegt und sich sicher fühlt: vor ihrer Mutter, vor Jonny Schumann, vor den Wasserungeheuern, die wir zu Fuß auf dem Grund des Meeres fliehen, vor ratternden Zügen, vor der – Nacht. Auf einmal war sie da, in voller Pracht, mit einer roten Vene am Horizont, wie erlöschende Glut. Bernadette redete und redete, und sie wusste Bescheid über viele Dinge, die sonst eigentlich nur Jungs interessierten: wie Flugzeuge flogen, welche Autotypen neu auf dem Markt waren, wovon Dinosaurier sich ernährten und warum sie gern Feuerwehrmann geworden wäre.

„Es ist schon verdammt dunkel. Wir sollten umkehren", sagte Keith nach einer Weile. Bernadette, die soeben einen ausführlichen Vortrag über die erste Mondlandung gehalten hatte, blickte auf eine imaginäre Armbanduhr. Mit flinken Händen fegte sie sich ein paar Aschereste von der Hose, dann deutete sie in Richtung eines kleinen Hains.

„Okay, dann steh auf. Hier geht's lang."

Keith hatte keinen allzu guten Orientierungssinn, aber er hätte schwören können, dass Bernadette sich irrte: „Nein, wir müssen in die andere Richtung."

Sie lachte, als sei es der beste Witz, den sie in ihrem Leben gehört hatte. Sie begannen zu streiten, und – o Wunder – diesmal konnte Keith sich mit seinem Vorschlag durchsetzen, und sie liefen auf eine mit Löwenzahn und wilden Dotterblumen bewachsenen Anhöhe zu.

„Klar, genau hier sind wir vorhin runtergekullert", bestätigte er sich selbst. Aber schon bald war ihm klar, dass er sich nur Mut zusprach: Hier war alles anders, steiler und unwegsamer. Keuchend erklommen sie einen felsigen, mit bizarren Wurzeln bewehrten Hügel, und da man inzwischen kaum mehr die Hand vor Augen sah, verlor auch Bernadette ab und zu das Gleichgewicht.

„Verdammte Stolperfallen“, fluchte sie. „Du hast uns in die Hölle geführt.“

Aber sie irrte sich, *das* war noch nicht die Hölle. *Die* sahen sie, als sie endlich oben angekommen waren und auf der anderen Seite wieder hinabklettern wollten: Da war eine Schlucht, übersät mit Altpapier, Konservendosen und kompletten Möbelstücken, eine wilde Müllkippe in einem riesigen Trichter aus Gras und Erde, ringsum gesäumt von Gestrüpp und Dornen. Jetzt *musste* er zugeben, dass er sich getäuscht hatte.

„Am liebsten würd' ich dich hier runterschubsen“, zischte Bernadette, und einen Augenblick lang befürchtete er, sie würde es tun.

VERA: Na, was sagst du? Bis jetzt der perfekte Roman, oder?

OF (sich am Kopf kratzend): Versteh mich nicht falsch, Vera. Aber der perfekte Roman – ist anders. Er ist fast immer erfunden. Weil das Leben keine allzu guten Geschichten schreibt. Es mag oft gute Ideen haben, aber mit der Ausarbeitung ist es meist nicht allzu weit her. So wie auch die Natur keine Schinkenbrötchen wachsen lässt oder Flüsse hervorbringt, in denen Champagner fließt. Weißt du, was ich meine?

VERA: Nicht so ganz. Passt dir etwas nicht an meiner Geschichte?

OF: Du hast sie ja noch nicht zu Ende erzählt. Also, Harry stand vor der Tür.

VERA: Harry stand vor der Tür. Im Roman müssten wir diese Stelle ziemlich tragisch gestalten, so als würde tragische Musik …

OF: Harry stand vor der Tür. Und wollte seine Sachen abholen?

VERA: Er wollte … Wieso unterbrichst du mich andauernd? Du konntest früher viel besser zuhören. (listiges Grinsen) Okay, spielen wir ein Spiel. Erzähl *du* einfach die Geschichte. Sag mir, wie's weiterging. Wenn es *dein* Roman ist, dann denk dir doch selbst 'nen Schluss aus.

OF (seufzend): Es ist nicht mein Roman, aber okay. Also, ich weiß nur, dass Harry tot ist. Das ist alles, was ich weiß. Warum ist er tot? Ist er eines natürlichen Todes gestorben? Hat jemand anderes dafür gesorgt, dass er stirbt? – Erschrick jetzt nicht. Ich schreibe nur einen Roman. Es hat nichts mit der Wirklichkeit zu tun. – Harry ist tot, weil du – ihn ermordet hast. Ruhig bleiben. Du hast ihn ermordet. Weil er dir Vorwürfe gemacht und dich beschuldigt hat, ihm Luke ausgespannt zu haben, und weil er da draußen durch tausend Höllen gegangen und zum Mann geworden ist. Er hat sich nicht mehr von dir ohrfeigen lassen. Er hat sich gewehrt. Er war ein Monstrum, ganz plötzlich, aber eigentlich … na ja, nur ein Mann. Du wolltest ihn rauswerfen, aber er hat sich geweigert zu gehen. Das Haus gehörte plötzlich ihm. Und auf einmal warst du es, die in höchster Gefahr schwebte. Deshalb musstest du ihn umbringen. Zumindest in deinem Kopf. Aber das reichte dir nicht, du hast es ganz real getan, bist nachts in sein Schlafzimmer gegangen, hast ihm ein Messer ins

Herz gestoßen und warst auf einmal wieder Prinzessin: eine einsame, sehr, sehr einsame Prinzessin. – Guck nicht so, es ist nur Fantasie. Reine Fantasie. Aber so wäre vielleicht ein brauchbarer Roman daraus geworden. So müssten wir es hinbiegen, wenn wir einen Roman drüber schreiben wollten.

VERA (sieht ihn lange an, mit ruhelosen Mundwinkeln): Du bist ja gut. Du bist ... na ja, ich glaube, alle Künstler sind ein wenig bekloppt. Soll ich mich hinsetzen und auf dem Papier einen Mord gestehen, den ich gar nicht begangen habe?

OF: Wieso? Es ist ein Roman, nicht deine eigene Geschichte. Ändere einfach die Namen. Die Schauplätze. Die biografischen Details. Das ist nicht schwer. Mache alles unkenntlich, so wie wir als Kinder manchmal den Typen auf den Werbeanzeigen Bärte ins Gesicht oder Hüte auf den Kopf gemalt haben. Und dann bring ihn um.

(Schweigen)

Okay, das war meine Version. Und wie war es wirklich? Harry stand vor der Tür ...

VERA (schweigt lange, vermutlich denkt sie über die Hüte und Schnurrbärte nach. Sie zündet zwei Zigaretten an, reicht eine davon mir und schüttelt immer wieder den Kopf.) Lass nur. So sensationell war das alles gar nicht.

Sie bückte sich, hob einen glattgeschliffenen Stein vom Erdboden auf und ließ ihn in den Abgrund fallen.

Nach ein paar Sekunden hörten sie den Aufprall.

„Zwanzig Meter“, sagte sie dann.

Keith runzelte die Stirn. „Woher willst du *das* jetzt wissen?“

„Eine einfache Formel. Wenn der Stein zwei Sekunden lang fällt, ist die Schlucht zwanzig Meter tief. Kapiert?"

Er nickte zaghaft.

„Gut", sagte sie. „Nehmen wir an, der Stein wäre nicht zwei, sondern vier Sekunden lang gefallen: Was käme dann raus?"

„Na, vierzig Meter."

Sie jubelte, als hätte sie mit dieser Antwort gerechnet. „Eben nicht. Wenn der Stein vier Sekunden lang fällt, sind es neunzig Meter."

„So?" Er warf auch einen Stein hinunter, mit weitaus mehr Schwung als Bernadette, aber es blieb bei zwei Sekunden. „Und woher weiß man das so genau?"

„Altes Indianergeheimnis." Mit leichtfüßigen Schritten balancierten sie am Abgrund entlang. Irgendwo in der Dunkelheit heulten Füchse, und es klang wie das Wehklagen von Kindern. „Ich habe keine Lust, hier wieder runterzuklettern und mir den Hals zu brechen. Außerdem war es deine Schuld. Wir sollten uns erst mal ein warmes Plätzchen suchen und nachdenken."

„Hm, und für wie lange?"

In ihren Augen blitzte ein unheilverkündendes Feuer. „Bis uns was eingefallen ist. Und ich glaube, mir *fällt* gerade was ein: Was hältst du davon, wenn wir uns für vermisst erklären lassen? Wir könnten die Nacht im Wald verbringen, bei den wilden Tieren. Morgen früh, wenn die Sonne aufgeht, finden wir den Weg bestimmt."

Keiths Begeisterung war auf dem Nullpunkt. „Du hast sie ja nicht alle. Wie stellst du dir das vor? Die schicken Polizei aus und Spürhunde und alles Mögliche. Die denken, wir sind entführt worden. Von irgendeinem Mann, der kleinen Kindern auflauert – oder noch schlimmer: einem Mörder. Einem Monster, das hier in den Wäldern haust."

Bernadette schüttelte sich. „Erzähl nicht so 'n Zeug. Da kriegt man ja 'ne Gänsehaut. Aber trotzdem: Wir haben völlig die Orientierung verloren. Keiner von uns hat eine Ahnung, wo es lang geht. Traust du dir zu, hier runterzuklettern und ein paar alte Laken oder Kartons zusammenzusuchen, damit wir uns wenigstens zudecken können, falls wir hier übernachten müssen? Oder muss ich das tun?"

Keith verzog den Mund. Er hatte es bis jetzt vermieden, länger als Bruchteile von Sekunden in die Schlucht zu blicken. „Wenn ich ganz ehrlich sein soll: Ich hab keine Lust, mich mit 'ner Decke zuzudecken, unter der vielleicht schon jemand geschlafen hat, der die Krätze hatte oder 'n offenes Geschwür. *Du* hast doch so viele Tricks auf Lager. Lauschst an Schienen, kannst die Tiefe einer Schlucht berechnen. Wieso weißt du nicht auch, wie man im Dunkeln aus verzauberten Wäldern nach Hause findet?"

„Na, und du? Mit deinen Regen- und Sommersprossen-Weisheiten? Warum hat deine Tante Tilda dir nicht auch verraten, wie man sich nach Hause zurückküsst?"

Erst wollte er lachen, dann gebot sie ihm mit einer Geste zu schweigen. „Moment mal. Vergiss alles. Hörst du auch, was ich höre?"

„Kommt drauf an, was du hörst."

„Also nicht. Und jetzt sehe ich es sogar. Guck mal dort hinüber. Na, was siehst du da? Einen Bach. Okay. Was sagt uns der Bach?“

„Was soll er uns sagen? Plätscher, plätscher ... ?“

„Idiot. Bäche haben zwei Eigenschaften: Erstens - sie fließen nie bergauf, zweitens – sie stürzen sich auch nicht senkrecht in die Tiefe. Wenn wir also dem Bach folgen, finden wir von selbst hier runter. Ohne Steilwandklettern und so. Kapiert?“

Keith nickte. Er verkniff sich die Bemerkung, dass es ja auch so etwas wie Sturzbäche gab; vielleicht gab es sie ja nur in Australien oder auf dem Mars, es war ihm egal. Bernadette behielt jedenfalls recht: Nach einer langen Wanderung, bei der sie seine Hand nicht losließ, nicht mal als er pinkeln musste, war um sie herum plötzlich nichts mehr als flaches Land, hohes Gras – und jener Bach, der sie gerettet hatte und an dem sie sich jetzt niederließen, so erschöpft, dass inzwischen auch Keith nicht mehr allzu wild darauf war, zu Tilda und Bernadettes Mutter zurückzufinden. Ihre Augen waren langsam mit der Dunkelheit in die Nacht geglitten, und so konnten sie die Konturen der Landschaft ziemlich gut erkennen. Bernadette summte ein monotones Lied vor sich hin; Keith saß neben ihr, an seinen Nägeln zupfend und darüber nachgrübelnd, was manchen Fernseh- oder Romanhelden auch in der tausendsten Folge noch die Gewissheit gab, eine Woche später wieder lebend und unversehrt zu neuen Abenteuern aufbrechen zu dürfen.

„Was war das?“ fragte er plötzlich. Es hatte wie Hundegebell geklungen, nur hohler und schauriger.

„Wahrscheinlich Dachse“, sagte Bernadette und nahm die letzten beiden Zigaretten aus der Schachtel. „Vielleicht auch ein

Wolf. In den letzten Jahren sind hier ab und zu welche gesichtet worden. Aber sie sind harmlos. Kommen nur nachts aus ihren Höhlen und heulen den Mond an. Weißt du übrigens, dass er uns leuchtet?“

Es war ein fetter, pfirsichgelber Mond, um den Wolkenfetzen schwammen und vor dessen Scheibe die Schatten von Nachtfaltern und langbeinigen Schnaken auf- und abtanzten. Er nahm drei tiefe Züge von seiner Zigarette, aber der Tabak wirkte nicht mehr wie zuvor, machte ihn nicht mehr übermütig und albern. Er spürte, wie seine Zähne aufeinanderschlugen

„Fürchtest du dich?“ fragte sie.

Er schüttelte den Kopf. „Mir ist nur kalt. Fürchtest *du* dich?“

„Hm, ja, ein bisschen. Vielleicht sind wir ja nicht die einzigen hier draußen.“ Sie umklammerte mit beiden Händen seinen Arm und kuschelte sich dichter an ihn. „Stell dir zum Beispiel vor, mein Vater würde sich hier draußen rumtreiben.“

„Dein Vater?“

Sie griff in ihre Hosentasche und brachte ein kleines Lederetui zum Vorschein, aus dem sie ein Foto zog. Es zeigte einen Mann mit bleichen, fast unsichtbaren Brauen und vielen Leberflecken am Hals. Er blickte sehr ernst, ein wenig stumpfsinnig fast, als habe er alles, nur keinen Humor.

„Wenn er gesoffen hatte, war er schlimmer als alle Wölfe und Dachse dieser Welt. Schlimmer als die Tiger im Dschungel. Er hat mich verdroschen. Er hat meine Mutter verdroschen. Er hat unseren Hund verdroschen. Und eines Tages hielt sie es nicht mehr aus. Er oder ich, sagt sie immer, wenn sie davon erzählt. Als er sie wieder einmal verdreschen wollte, hat sie ihn mit der

Geflügelschere bedroht. Schlag mich, hat sie gesagt, schlag mich doch, dann zerschneide ich dein Gesicht in zwei Hälften. Und stell dir vor, am nächsten Tag war er weg. Und lebt jetzt wer weiß wo." Sie schüttelte den Kopf. „Sie hat ihn nur bedroht, nicht zugestochen oder sonst was. Sie wollte ihm nur zeigen, dass sie nicht alles schweigend hinnimmt. Und er verschwand für immer." Sie seufzte und spielte mit Keiths Fingern. „Auf jeden Fall wirst du mal ein großer Pianist."

„Wieso trägst du sein Foto mit dir rum? Wenn er euch so fies behandelt hat?"

„Wenn du erst ein großer, berühmter Pianist bist, werd ich überall rumerzählen, dass ich mal eine Nacht mit dir im Wald verbracht habe. Und die Leute werden ..."

„Bitte hör mir zu. Warum hast du sein Bild einstecken?"

Sie wischte sich etwas aus dem Auge. „Kein Wort zu meiner Mutter, okay? Es ist ein Geheimnis. Ich trage es mit mir rum, weil ... weil ich ihn vielleicht nie wiedersehe. Und er immerhin mein Vater ist. Hätte es ihn nicht gegeben, säße ich jetzt nicht hier." Sie grinste. „Dann wärst du ganz allein hier draußen."

Er grinste auch. „Vergiss es. Ich läge zu Hause in meinem Bett und würde von dir träumen. Da es dich nicht gäbe, wärst du eben nur ein Traum. Vielleicht sogar ein Alptraum."

„Mann!" Sie bohrte ihm den Zeigefinger in die Wange und kicherte. „Du redest schon wie die Lehrer und Erwachsenen." Dann kicherte sie nicht mehr und starrte hinauf zum Mond. „Meine Mutter sagt manchmal, ich bin wie er. Vielleicht trage ich das Foto auch deswegen mit mir herum. Weil ich bin wie er. Aber ich würde nie einen Mann heiraten, der so ist."

„Sondern?“

Sie grinste und verbarg das Gesicht hinter ihrem angewinkelten Arm. „Einen, der ganz lieb ist und schnuckelig. Und mal viel Geld verdient. Vielleicht, weil irgendwann ein großer Pianist aus ihm wird.“

„Oh, Scheiße.“

„Wieso Scheiße?“

„Weil ich überhaupt nicht heiraten will.“

„Wer redet denn von dir?“

Sie atmete jetzt tief und gleichmäßig, als käme gleich der Schlaf.

„Hab keine Angst“, flüsterte sie, bevor sie einnickte. „Ich habe ein Messer dabei. Ich trage es immer bei mir. Wie das Foto meines Vaters. Schlaf jetzt auch.“

Er schloss die Augen und versuchte es. Im Halbschlaf sah er Farben, die es in der Realität nicht gab, die er aber glaubte, hier im Wald gesehen zu haben, irgendwann in den letzten Stunden.

Da war ein Frühling, einst, in dem er auszog, die Herzen der Mädchen zu erobern. Und er fand Tausende, die bezaubert waren von seinem karamellfarbenen Haar, und die Brot und Licht mit ihm teilten am Weg.

Da war ein Sommer, in dem er glücklich war. Zusammen tanzten sie über Wiesen, schlugen Purzelbäume und schickten Ballons in den Himmel.

Da war ein Herbst, in dem die Zugvögel sich aufmachten, um nach seinen Spuren zu suchen.

Da war ein Winter, o Gott, der die Mühe nicht lohnte. „Hey, du Schnarcher“, rief die Eisprinzessin, glitt mit ihren Schlittschuhen auf ihn zu und rempelte ihn an. „Hast du das gehört?“

Er rieb sich die Augen. Und wieder stieß Bernadette ihm die Faust in die Rippen. „Wach endlich auf.“

„Was ist denn los?“

„Ich hab was rascheln hören.“

Er versuchte, cool zu bleiben. „Hätte mich auch gewundert. Ich war noch nie mit jemandem im Wald, ohne dass es früher oder später irgendwo geraschelt hätte.“

Aber jetzt hörte er es auch: Schritte in der Lichtung, schwere, mächtige Schritte. Sie erstarrten beide gleichzeitig, als das grelle, schmerzhafte Licht einer Taschenlampe sich ihnen ins Gesicht bohrte.

„Verfluchter Mist“, stöhnte Bernadette und umklammerte sein Handgelenk so fest, dass ihre Nägel seine Haut ritzten. „Er ist gekommen. Er ist wieder da. Er will uns umbringen.“ Schon sah er es blitzen in ihrer Hand. Es war eins jener Schnappmesser von der großen, gefährlichen Sorte, die sofort konfisziert wurden, wenn Jungs sich in der Schule damit erwischen ließen.

„Ich mach ihn fertig“, rief sie. „Ich lasse ihn in mein Messer rennen.“

Keith warf ihr einen flehenden Blick zu, dann ergriff er sie am Arm, zog sie zu sich herüberund nahm ihr das Messer weg. Er ließ die Klinge nach vorn schnellen und stand auf.

„Bleib hier sitzen“, sagte er. „Das ist Männersache.“

OF: Und seitdem lebst du allein?

VERA: Ja. (lange Pause) Das klingt hässlich für eine Frau, ich weiß. Es klingt so ... sitzen geblieben. Aber was soll ich tun? Ich hab keine Lust, durchs Land zu reisen und Ausschau nach dem großen Glück zu halten. Das Glück wird von selbst kommen, irgendwann. (kurze Pause, dann kichernd:) Stell dir vor, Jonny Schumann – kannst du dich an den erinnern? – hat mich gestern auf einen Drink in seine Wohnung eingeladen. Es ist nichts gelaufen, gar nichts. Aber als er auf dem Klo war, hab ich mir seine CD-Sammlung angesehen. Er hatte die Egerländer Blaskapelle und solches Zeug. Und oberhalb der CDs war ein Fach mit Medikamenten. Erstaunlich, was er da so hortete. Eine Salbe gegen Schwitzhändchen zum Beispiel. Mit der man sich die Hände eincremt, um cool zu wirken, während man sich in Wahrheit vor Angst in die Hose kackt. (kichert) Hast *du* jemals so etwas gebraucht?

OF: Nicht dass ich wüsste. Aber ich hab gelesen, beim Vorspiel bekommen achtzig Prozent aller Männer schwitzige Hände ...

VERA: Ja, klar. Weil sie Angst haben. Weil sie sich vor uns fürchten. Vor uns Frauen.

OF: All die Toms, Dicks und Harrys?

VERA: All die Harrys.

OF (grinsend): Und deshalb Selbstmord begehen?

VERA: Nein. Sterben vor Angst.

Als Keith erwachte, saß Tilda an seinem Bett und streichelte seine Hand. Für einen Augenblick hatte er gemeint, Bernadette sei hier, und mit ihr die Finsternis, der Wald, die Angst, all das.

Aber es roch nach Rheumasalbe und Zigarettenrauch, nach Tagen, an denen nichts geschah, jedenfalls nichts Aufregendes, und er wusste, wo dieser Geruch war, konnte kein Spuk ihn stören.

„Du hast Fieber", sagte sie. „Soll ich das Thermometer holen?"

Er rieb sich die Augen. „Nicht nötig. Wo sind die anderen?"

„Nach Hause gegangen. Jeder zu sich, und du zu mir. Wir sollten Herrn Wittmann einen Blumenstrauß schicken: Es war so mutig von ihm, euch zu suchen." Sie lächelte kopfschüttelnd, als sei das Leben voller Überraschungen. „Warum hast du ihn mit dem Messer bedroht?"

Hatte er? Sah wohl so aus.

„Na ja, wer kann schon wissen, was sich nachts alles in den Wäldern herumtreibt? Es gibt Kerle, die sind viel schlimmer als Wölfe und Dachse, und schlimmer noch als die Löwen im Dschungel."

Sie strich ihm übers Haar. „Na, klar."

„Wer ist eigentlich Herr Wittmann?"

„Der Wirt von der Kneipe, vor der wir gesessen haben. Das wollte er dir sogar erklären. Aber du hast dich wie eine kleine Wildkatze gebärdet, sagt er. Hast um dich geschlagen und gebissen und ihm den Kopf in die ..." Sie schluckte.

„... Eier gerammt?" Er wusste nicht mehr alles, doch daran konnte er sich erinnern. Sie nickte.

„Ist Bernadette okay?" fragte er.

Sie sah ihn lange und besorgt an. „Es ist besser, wenn du ein paar Tage im Bett bleibst. Falls du das Mädchen meinst – ja, es geht ihr gut."

„Warum soll ich im Bett bleiben? Ich fühle mich nicht krank."

Sie durchsuchte sein Haar, in dem noch die Reste von Tannenholz und Spinnweben hingen. „Ich will dich nicht verlieren", sagte sie. „Nicht den kleinen, netten Jungen, der du immer warst. Ich hab mir eingebildet, wenn ich nur fest dran glaube, würdest du nie erwachsen werden. Nie breite Schultern oder eine tiefere Stimme bekommen. Aber wahrscheinlich ist es bald soweit. Dann fällt die Tür hinter dir ins Schloss, und ich bin allein. An dem Tag, wo man allein ist und weiß, dass sich daran nie mehr etwas ändern wird, beginnt man zu sterben."

„Ich hab jetzt schon breite Schultern", protestierte er und umarmte sie. „Und das ist überhaupt kein Grund zum Traurigsein."

Sie stand auf, löschte das Licht und lächelte ihm unter der Tür noch einmal zu. Im Halbdunkel schimmerte ihr Haar wie feine Wolle.

„Schlaf dich gesund, mein Großer."

Keith wurde wirklich krank, vielleicht sogar nur, um Tilda einen Gefallen zu tun. Jedenfalls bekam er Schüttelfrost und eine heiße Stirn, und es folgten eine Reihe von Nächten, in denen er im Traum durch pechschwarze Wälder irrte, steile Felswände erklomm und durch eiskalte Seen schwamm, die ohne Ufer waren. In einigen dieser Träume war er allein, in anderen war Bernadette bei ihm. Beim Erwachen fröstelte er oft, weil er sich wünschte, die ganze Welt wäre Wald, und das ganze Leben Bernadette, und sie würden sich jede Nacht wieder verirren und nie mehr so ganz nach Hause kommen, außer für ein paar Stunden, in denen sie sich Trost holten, um dann erneut aufzubrechen.

Als er nach einer Woche zum ersten Mal wieder zur Schule ging, stürmte sie auf ihn zu, warf sich ihm um den Hals und drückte ihm einen Kuss aufs Ohr, der sein Gehör für die nächsten zwei Stunden so gut wie lahmlegte. Natürlich sprachen sie von nichts anderem als ihrem Abenteuer. Und ein paar Wochen lang blieb das auch so, auch wenn die morgendliche Begrüßung mit jedem Tag dünner ausfiel. Eines Tages, in der großen Pause, teilte sie ihren Apfel nicht mit ihm, sondern mit dem langen Paul Behrens aus der Parallelklasse, und in der zweiten Pause sah er, wie sie rumknutschten, und nahm sich vor, auf dem Nachhauseweg einen großen, einsamen Umweg zu machen und sich die Seele aus dem Leib zu heulen.

Im Januar zog Bernadette in eine andere Stadt, weil ihr Vater angeblich gesichtet worden war und man sich davonmachen wollte, bevor er irgendwann vor der Tür stand. Ich komme euch alle so oft wie möglich besuchen, sagte sie an ihrem letzten Tag an der Schule. Doch sie und ihre Mutter kamen nie wieder in unsere Stadt.

Zu ihrem vierzehnten Geburtstag sprach ich zum letzten Mal mit ihr unter vier Augen. Mit Paul war es inzwischen aus, sie war wieder solo, und ich brachte ihr ein Buch mit, das ich selbst schon vier- oder fünfmal gelesen hatte, und sagte: „Hier. Dein Geburtstagsgeschenk."

Sie drehte es hin und her, als warte sie darauf, dass es sich in ein Kästchen voll Gold verwandle.

„*Keith und Bernadette?* Was ist das denn?"

„Lies es einfach. Es hat mit uns zu tun."

„*Eine Geschichte aus dem wundersamen Reich der Liebe*", murmelte sie. „Was zum Teufel soll das mit uns zu tun haben?"

Ich nahm ihr das Buch aus der Hand und blätterte es wahllos an verschiedenen Stellen auf. „Es geht um ein Mädchen und einen Jungen, die sich im Wald verirren. Genau wie wir. Es ist ein Abenteuerbuch. Das mit der Liebe ist nicht so wichtig."

Nun blätterte sie selbst, und ich hatte den Eindruck, dass sie mit Büchern ziemlich unerfahren war. Wenn sie las, wanderte ihr Finger mit, und beim Umblättern zerknitterte sie eine Seite nach der anderen.

„Das ist ja völlig anders als bei uns", sagte sie nach einer Weile. „Es spielt im Gebirge. Und die beiden sind schon vierzehn. Und guck, hier steht, er ist semmelblond. Das bist du ja nicht gerade. Was soll das mit uns zu tun haben?"

„Jetzt lies es doch erst mal." Ich war ein wenig eingeschnappt. „Jedenfalls geht mir die Nacht, in der wir uns im Wald verirrt haben, nicht aus dem Kopf. Und immer wenn ich dran denke, heiße ich Keith, und du heißt Bernadette. Und alles ist wie in diesem Buch. Fast alles."

Auch der Sternreigen in der Juninacht. Die Berggipfel im wachsroten Morgenlicht. Auch die Bären und Wölfe, die dort oben lauern, mit ihren humorlosen Gesichtern und den bleichen Augenbrauen. Auch die Küsse.

Nach ein paar Wochen – sie ging bereits wieder mit einem anderen Jungen – fragte ich, ob sie das Buch inzwischen gelesen habe. Na klar, antwortete sie, aber das war alles, was sie sagte.

VERA (durchwühlt ihre Handtasche, zieht sich noch einmal die Lippen nach) Das Leben. (Seufzer) Merkwürdig: Du hast mir gar nichts von dir erzählt.

OF: Es ist schon spät. Ich erzähle es dir ein andermal.

VERA: Eine bestimmte Geschichte?

OF: Keine bestimmte. Fahr vorsichtig. Es könnte Nachtfrost geben.

VERA (steht auf, zündet sich eine letzte Zigarette an, tritt von einem Fuß auf den anderen): Ich glaube ... ich meine ... also, das Leben hält bestimmt noch viel für mich bereit, oder?

OF: Auf jeden Fall. Denk nicht so viel darüber nach. Wenn die Hoffnung zu schwinden beginnt, fängt man an zu sterben.

VERA: Wirklich?

OF: Keine Ahnung. Ist nur so eine Redensart.

VERA (zögernd): Findest du, dass ich noch attraktiv bin?

OF: Du siehst bezaubernd aus, Vera.

VERA (den Rauch betont langsam ausstoßend): Es ist merkwürdig. Ich hab ein altes Schulbild gefunden, kürzlich. Mein Haar war ganz anders damals: leichter und hübscher. Fast schwerelos. Und ich hatte Sommersprossen. Erinnerst du dich?

OF: Wow, ja, unglaublich viele.

VERA (kategorisch seufzend, als gäbe es wichtigere Dinge im Leben): Ob es Schnee gibt heute Nacht?

OF: Ich glaube nicht. Der Winter kommt erst noch. Ich wünsch dir Glück.

VERA: Danke. (schüttelt den Kopf) Und du weißt tatsächlich noch, dass ich eine Menge Sommersprossen hatte?

OF: Hm, ja. Sechsundsechzig, wenn du's genau wissen willst.

VERA (an ihm vorbeiblickend, wobei ihre Augen glasig und transparent werden): Und es ist wirklich keine übriggeblieben?

OF (ihr Gesicht noch einmal betrachtend, während er ihr die Hand zum Abschied reicht): Tut mir leid, Bernadette. Nicht eine einzige.

Oliver Fehn
Das verlogene Paradies
Erzählung

Pandämonium Verlag
ISBN: 978-3944893129
128 Seiten, Paperback
Preis € 9,95

Was geschah wirklich im Paradies?
Wie kam es zum Sturz des Satan?
Wer war er?
Was waren seine Pläne für den Menschen?
Konnte er diese Pläne in letzter Sekunde doch noch verwirklichen?
Und was wurde aus dem Garten Eden?
Antwort auf all diese Fragen gibt John Miltons bekanntes Versepos „Das verlorene Paradies“ (erschienen 1667) – hier in neuer, zeitgemäßer Sprache erzählt von dem bekannten Autor Oliver Fehn. Abweichungen vom Original sind beabsichtigt und zeichnen ein neues Bild des „gefallenen Engels“, der vielleicht nicht ganz so schlecht war wie sein Ruf.

Oliver Fehn
Das Wolkenhotel

Pandämonium Verlag
ISBN: 978-3944893037
172 Seiten, Paperback
Preis € 12,90

In dem aufwühlend erzählten Roman "Das Wolkenhotel" schildert Oliver Fehn die Odyssee der beiden Teenager Sparrow und Wolfi in das verruchte „Wolkenhotel“, einen in den Wäldern versteckten Umschlagplatz für die unheilvolle Droge Cloud 13, die Menschen in eine Welt versetzt, in der sie alles wiederfinden können, was sie je verloren haben.
Unter dem Einfluss von Cloud 13 trifft Sparrow seine geliebte Mutter wieder, die sich selbst das Leben nahm. Zu spät erkennt er, dass der Flug auf Wolke dreizehn auch der Weg ins nackte Grauen ist.

Oliver Fehn
Die Klavierbrücke
Roman

Pandämonium Verlag
ISBN: 978-3-9813482-4-8
152 Seiten, Paperback
Preis € 11 ,90

Ein Dorf, in dem es scheinbar nicht mit rechten Dingen zugeht – und ein 15-jähriger Junge der dort bei seiner verschrobenen Tante Lissi wohnt und nur eins will: Hinaus in die Welt der Städte.
Um seiner Langeweile beizukommen, hat er die Gabe entwickelt, sämtliche Dorfbewohner an der „Musik" zu identifizieren, die ihre Füße auf der Klavierbrücke spielen – einem morschen Holzsteg, der direkt an Lissis Haus vorbeiführt. Als eines Nachts ein Mord geschieht, erkennt er den flüchtenden Täter an seinen Schritten – doch keiner will ihm glauben. Als dann noch sein bester Freund, der freche Rotschopf Wolfi, in Verdacht gerät, spitzen die Dinge sich zu.

Oliver Fehn
HITZEMOND
Erzählungen

Pandämonium Verlag
ISBN: 978-3-9813482-9-3
212 Seiten, Paperback
Preis € 17,95

In HITZEMOND von Oliver Fehn geht es keineswegs um Geister, Vampire und Monster – nein, die Ängste, Abgründe und Schattenseiten des Menschen sind Thema dieser 12 Geschichten, die in trostlosen Dörfern, alten Schulhäusern, unheimlichen Dachböden, einsamen Bars, gigantischen Städten bei Nacht – und manchmal auch in ganz schlichten Kinderzimmern spielen.

Oliver Fehn
Judith und Jolanthe
Novelle

Pandämonium Verlag
ISBN: 978-3944893044
104 Seiten, Paperback
Preis € 8,95

Zwei Frauen, wie sie unterschiedlicher nicht sein könnten: Jolanthe, die bäuerlich-herbe Raumpflegerin in der Nachtbar 49th Parallel, und die Serviererin Judith – jung, attraktiv und alles andere als ein Kind von Traurigkeit.
Die beiden Frauen werden Freundinnen und erzählen sich aus ihrem Leben – doch als Judiths 12jähriger Sohn Levin auftaucht, der jede Nacht nach Sperrstunde zauberhafte Klänge auf dem Barpiano spielt, gerät Jolanthes Welt jäh aus den Fugen.
Sie beginnt, den Jungen auf fanatische Weise zu vergöttern, und zeichnet ein Bild von ihm, dem Levin nicht gerecht werden kann.

Oliver Fehn
Keiner will mehr nach San Francisco

Pandämonium Verlag
ISBN: 978-3981348262
236 Seiten, Paperback
Preis € 18,95

Kurzgeschichten, Aphorismen, Gedichte und Essays des Autors Oliver Fehn.
Erleben Sie witzige, aber auch verträumte Texte eines jugendlichen Oliver Fehn, der von der großen weiten Welt träumt.